LA BÉNÉDICTION

Un facteur de croissance

AUTRES LIVRES
TOME 19

THEODORE ANDOSEH

Mini-convention du Ministère au Cameroun
Koumé, du 19 au 22 janvier 2023

info@books4revival.com

TABLE DES MATIÈRES

AVANT-PROPOS

Notre œuvre au Cameroun est arrivée au point de la croissance d'église. Il faut que le nombre de dirigeants et de ministres augmentent. Il faut que le nombre de convertis augmente. Il faut que le nombre d'églises augmente. Nous pouvons continuer d'évangéliser alors que le nombre d'églises, le nombre de dirigeants, le nombre de disciples, le nombre de restitutions et le nombre de transformations n'augmentent pas.

Quand on écoute le nombre de baptêmes enregistrés au cours de toutes les sessions d'évangélisation dont les frères parlent, on se rend à l'évidence qu'il n'y a pas de croissance. Cependant, les dirigeants ne le réalisent pas. Il suffit d'écouter tous les dirigeants parler de baptême, pour se rendre compte qu'il n'y a pas de croissance. Quelqu'un dira : « Nous avons conduit quarante mille personnes au Seigneur l'année dernière ; nous en avons baptisé six cents ! ». On réalise de ce fait qu'il n'y a pas de croissance. Voilà où nous en sommes dans notre œuvre au Cameroun.

C'est la bénédiction du Seigneur qui apporte la croissance. C'est la bénédiction du Seigneur qui multiplie. C'est la bénédiction du Seigneur qui élargit et enrichit.

L'intention du pasteur Theodore Andoseh est de présenter une étude approfondie de la bénédiction dans le livre de la Genèse, en vue de démontrer aux dirigeants de l'œuvre au Cameroun en particulier et à ceux de notre Œuvre en général, que c'est la bénédiction du Seigneur qui apportera la croissance dans l'Œuvre. Il a partagé ce message lors de la toute première Mini-Convention de l'œuvre au Cameroun, tenue à Koumé – Bertoua, du 19 au 22 janvier 2023.

La principale leçon à tirer de l'enseignement du pasteur Theodore Andoseh est que c'est la bénédiction de Dieu qui fait croître l'Œuvre, et que quiconque veut la bénédiction doit s'efforcer de plaire. Puisse le Seigneur t'accorder une révélation plus profonde de cette vérité spirituelle pendant ta lecture, et puisses-tu t'établir dans une vie qui cherche constamment à plaire à Dieu en toutes choses.

Koumé, le 26 janvier 2023

L'ŒUVRE ET LES OUVRIERS

LES CINQ PHASES DE NOTRE ŒUVRE – 1

Toute Œuvre passe par différentes étapes :

- le début,
- l'étape de l'adolescence.
- l'étape de la maturation.
- l'étape adulte.

Au Gabon, lors de l'inauguration de PROCCI, nous avons identifié les cinq étapes de la bénédiction de Dieu dans la vie d'Adam. Le Seigneur les bénit et leur dit :

<u>Genèse 1 : 28 :</u>

« Dieu les bénit, et leur dit : soyez féconds, multipliez, remplissez la terre, et l'assujettissez ; et dominez sur les poissons de la mer, sur les oiseaux du ciel, et sur tout animal qui se meut sur la terre. »

1. Soyez féconds,
2. Multipliez,
3. Remplissez la terre, répandez-vous,
4. Assujettissez la terre,
5. Dominez sur tout ce que J'ai créé.

Nous avons identifié ces cinq étapes comme étant les cinq phases de notre Œuvre.

- La phase 1 était l'appel à porter du fruit, adressé à un petit nombre de personnes.
- La phase 2 ou l'étape de Santa Cruz était l'appel à se multiplier à travers l'évangélisation, l'évangélisation de chaque membre.
- Nous nous trouvons à la phase 3 qui consiste à remplir la terre. Cela implique les effectifs, l'extension et l'expansion.

Soyez féconds ;

Multipliez – c'est la formation des disciples ;

Remplissez la terre – c'est la commission missionnaire. Allez ! Allez ! Allez !

LES COMMISSIONS DANS LA GRANDE COMMISSION

Dans la Bible, nous avons identifié neuf différentes commissions qui sont incluses dans la Grande Commission.

Luc 14 : 21, 23 :

« Va promptement dans les places et dans les rues de la ville et amène ici les pauvres, les estropiés, les aveugles et les boiteux. [...]

Va dans les chemins et le long des haies, et ceux que tu trouveras, contrains-les d'entrer, afin que ma maison soit remplie ».

Le Seigneur Jésus dit :

- Va dans toutes les rues,
- Va dans tous les chemins,

Allez, faites entrer les gens, afin qu'il y ait des invités à ma fête. Ils parcoururent donc Jérusalem, entrant dans chaque maison, chaque foyer.

<u>*Colossiens 1 : 23 :*</u>

« C'est l'évangile que vous avez entendu, qui a été prêché à toute créature sous le ciel » .

L'apôtre Paul dit : « Cet évangile a été prêché à toute créature sur la terre » ... à toute créature.

Si tu es un pasteur, tu dois obéir à la Grande Commission, car il s'agit de : toute *maison* de ton entourage, *toute rue, tout chemin*. Ainsi, le pasteur a une grande mission qui lui est particulièrement adressée : celle d'aller dans toute maison. C'est ton champ de mission. Aller dans toute rue, c'est ton champ de mission.

Planifie ta stratégie pastorale en termes de :

- La conquête des maisons,
- La conquête de rues,
- La conquête des métros. C'est ainsi que l'Église des Rachetés de Dieu (Redeemed Christian Church of God) planifie sa vision. Son objectif est

le suivant : une église dans chaque rue de la planète Terre.

C'est un objectif pastoral, mais il ne s'agit pas seulement de toute rue, de tout chemin, de toute maison, de toute créature. Il y a aussi la commission d'Abraham.

<u>Genèse 12 : 3 :</u>

Toutes les familles de la terre seront bénies en toi.

En toi, toutes les familles de la terre seront bénies. Cette bénédiction est le salut qui vient par notre Seigneur Jésus. Dieu a voulu que dans chaque famille, une personne au moins soit sauvée. C'est la mission d'Abraham : bénir toute famille de la terre.

Il y a

- toute créature,
- toute maison,
- toute rue,
- toute autoroute,
- tout métro.

Et le Seigneur Jésus Lui-même dit :

<u>Matthieu 28 : 18-20 :</u>

« Tout pouvoir m'a été donné dans le ciel et sur la terre. Allez, faites de toutes les nations des disciples, les baptisant au nom du Père, du Fils et du Saint-Esprit, et enseignez-leur à observer tout ce que je vous ai prescrit. Et voici, je suis avec vous tous les jours, jusqu'à la fin du monde ».

Tout pouvoir m'a été donné dans le ciel et sur la terre. Allez dans toutes les nations et prêchez la bonne nouvelle. Allez dans le monde entier et faites de toutes les nations des disciples. Baptisez-les, enseignez-les, et je vous donne l'assurance de ma présence personnelle. Donc le Seigneur Jésus dit : toute nation. Il y a la commission qui concerne toute nation.

Apocalypse 7 : 9 :

« Après cela, je regardai, et voici, il y avait une grande foule, que personne ne pouvait compter, de toute nation, de toute tribu, de tout peuple, et de toute langue. Ils se tenaient devant le trône et devant l'agneau, revêtus de robes blanches, et des palmes dans leurs mains ».

Nous voyons la grande foule, celle qui a été rachetée par l'œuvre de l'Agneau provenant de :

- toute tribu,
- toute nation,
- tout peuple,
- toute langue.

Notre interprétation de l'Évangile, c'est l'œuvre missionnaire en vue d'atteindre toute langue, toute tribu. Dieu veut que toute tribu soit présente devant le Grand Trône Blanc pour célébrer et saluer le Seigneur Jésus. Tout peuple : les Bantous, les semi-Bantous, les Nilotiques, tous les peuples, toutes les tribus, toutes les langues.

Toutes ces différentes particularités constituent des champs de mission pour :

- les pasteurs,
- les évangélistes,
- les missionnaires,
- les apôtres,
- toi,
- moi.

Et dans l'Apocalypse, la Bible parle aussi de l'Évangile éternel de notre Seigneur Dieu, qui doit être proclamé à toutes les catégories de personnes. Et s'ils ne croient pas, tous les présidents, les généraux, tous les grands de ce monde seront convoqués à l'Armageddon pour être molestés. Nous devons atteindre toutes les classes : la haute classe, la basse classe, les pauvres ; surtout les pauvres.

Luc 4 : 18-19 :

« L'Esprit du Seigneur est sur moi, parce qu'il m'a oint pour annoncer une bonne nouvelle aux pauvres ; Il m'a envoyé pour guérir ceux qui ont le cœur brisé, et pour proclamer aux captifs la délivrance, et aux aveugles le recouvrement de la vue, pour renvoyer libres les opprimés, pour publier une année de grâce du Seigneur ».

Le Seigneur Jésus dit : « L'Esprit du Seigneur est sur Moi, parce qu'Il M'a oint pour prêcher l'évangile aux pauvres, pour apporter la bonne nouvelle dans les prisons et à ceux qui sont dans les cachots, pour proclamer à ceux qui sont dans les chaînes l'année de la faveur de Dieu ».

Toutes ces catégories constituent notre appel, et toutes sont les sous-commissions de la Grande Commission, à tel point que tu es inclus. Si tu es pasteur, et que tu ne quitteras jamais la ville, va dans toutes les maisons, va dans toutes les rues, va dans toutes les banlieues. Qui t'envoie ? Le Seigneur Jésus. Car les personnes spéciales pour qui nous planifions souvent nos campagnes les méprisent. Alors, le Seigneur t'envoie vers tous, vers ceux qui sont dans les rues, qui ne savent même pas qu'il y a une campagne.

LES CINQ PHASES DE NOTRE ŒUVRE – 2

Ainsi, il y a cinq étapes dans notre Œuvre.

1. Soyez fructueux – Phase 1
2. Multipliez : faites des disciples – Phase 2
3. Remplissez la terre : Allez comme des missionnaires – Phase 3
4. Assujettissez la terre : exercez votre autorité dans le domaine des finances, pour qu'il y ait de l'intégrité, afin que les lois du Royaume régissent l'économie de la nation. Assujettissez, entrez dans les pavillons des gouvernements, exercez votre influence par votre invasion. Assujettissez.

C'est l'étape démocratique de l'Œuvre. En démocratie, les valeurs sont établies par les effectifs. Si nous pouvons obtenir la majorité des suffrages nécessaires pour chaque norme sociale, nous l'imposons. C'est ce que signifie assujettir. Ceux qui soutiennent les homosexuels et les transgenres recherchent les effectifs et ils acquièrent de l'influence financière pour les imposer ; et si tu oses dire un mot contre les homosexuels, tu as péché.

Assujettissez la terre. Nous devons envahir toutes les catégories de la société, afin d'être la lumière du monde, afin d'être le sel de la terre, pour faire cesser la corruption par notre influence, par nos effectifs.

LA PRIÈRE DU SEIGNEUR

Assujettissez la terre ; imposez la prière du Seigneur :

- Notre Père qui est aux cieux, que Ton nom soit sanctifié : que tout le monde Te respecte, que tout le monde croit en Toi.
- Que Ton royaume vienne : que les ordonnances de Ton royaume soient observées comme étant justes et comme une jurisprudence mondiale.
- Que Ta volonté soit faite : que plusieurs marchent avec Dieu. Ensuite, les profits du Royaume, lorsque Dieu a été reconnu, que Son Royaume a été établi et que Sa volonté est faite.
- Donne-nous aujourd'hui notre pain quotidien : la provision découle du fait que Dieu prend la place qui Lui revient dans la vie des hommes, des nations et des sociétés.
- Délivre-nous du mal : quand Dieu est Seigneur, satan doit se cacher dans un trou comme un rat.
- Ne nous induis pas en tentation : dans la vie des individus et dans la vie des sociétés, les choses qui détournent les hommes de Dieu et les avancées des ténèbres seront repoussées.

Assujettissez la terre et dominez, dominez, dominez et dominez sur les poissons, sur les oiseaux, sur les animaux. Soyez maîtres de votre écologie. Dominez sur les conditions et les constellations. Dominez. Dites au vent de s'arrêter. Dites aux vagues de s'arrêter, car le Maître est au repos, le Maître est dans le bateau. Dites aux éléments de se prosterner devant leur Seigneur.

- Et lorsque nous nous soumettons à Lui, nous retrouvons l'autorité qui ordonnera aux poissons et aux animaux ; non par notre bouche, mais par notre influence, afin de mettre sous contrôle leurs tendances sauvages, de même que notre écologie en dégénérescence.

Dominez, dominez.

Si c'est là la vision de Dieu pour nous, l'agenda politique de beaucoup d'entre vous est inclus dans l'agenda de l'évangile auquel Dieu nous a appelés. Sers le Seigneur de toutes tes forces. Quel que soit ton agenda politique, la croissance de l'Évangile, la puissance de l'Évangile est la seule utopie possible pour toute société. Crois-le.

Le Président de l'univers le dit : « Tout pouvoir dans le ciel, sur la terre et sous la terre m'a été donné, allez, prêchez l'Évangile. » Le Seigneur de l'univers a planifié le bien de tous les hommes dans l'Évangile. Alors, va et prêche l'Évangile. Quelle que soit l'innovation économique dont tu rêves dans ce monde maudit, que l'Évangile triomphe ; et tu verras à quoi la vie ressemble lorsque le Royaume de Dieu prévaut.

LE DIEU DES INDIVIDUS, LE DIEU DES NATIONS

Frères, Dieu a créé Adam ; Il comprend les besoins de l'individu. Mais Dieu a aussi formé une nation : Israël. Dieu connaît les besoins des nations. Le salut de Dieu est adapté à l'individu aussi bien qu'aux nations. Il a créé l'homme et

Il a formé une nation, et Il connaît les besoins de chacun. Il a dit à l'homme comment être heureux : se soumettre à Dieu. Et Il a montré à Israël comment prospérer et avoir de l'ascendance : à travers l'obéissance aux alliances avec Dieu.

Dieu connaît le chemin qui conduit à l'ascendance nationale tout comme Dieu connaît le chemin qui conduit à la prospérité personnelle, et Son Évangile est adapté aux deux.

L'ÉVANGILE DU ROYAUME ET L'ÉVANGILE DE LA GRÂCE

Quand j'étais un jeune croyant, j'ai été plusieurs fois étonné du message que Jésus avait dit aux apôtres de prêcher, et ceci avant Sa mort. Je m'interrogeais sur le message que Jésus a demandé aux apôtres de prêcher pendant Sa vie, car je savais que l'Évangile commence à partir de Sa mort, du sang qui a été versé et du moment où mes péchés peuvent être pardonnés. Ainsi, lorsque Jésus dit aux apôtres : « Pendant que vous allez, prêchez, dites : Le royaume de Dieu est proche de vous. », je ne comprenais pas. Maintenant, je comprends.

Il était en train de leur dire : « Dites aux gens qu'une nouvelle qualité de vie peut leur être offerte ici et maintenant s'ils acceptent le Messie de Dieu. S'ils permettent à Dieu d'être Roi afin qu'ils fassent partie de Son Royaume, une nouvelle vie commencera pour eux ». Il voulait que les apôtres disent aux gens qu'il est possible d'entrer dans le Royaume de Dieu maintenant, en croyant au Messie, et qu'ils ne peuvent même pas imaginer à quoi la vie ressemblera lorsque Dieu prendra la place qui Lui revient dans leurs vies. S'ils permettent simplement à Dieu de prendre la place qui Lui revient en tant que Roi et de vivre sous Son autorité, leurs vies seront différentes : c'est cela la bonne nouvelle.

L'Évangile qui a été prêché à la plupart d'entre nous est l'Évangile de la grâce de Dieu ; la grâce qui est disponible à travers la mort de notre Seigneur Jésus-Christ pour le pécheur. C'est ce que toi et moi croyons, parce que nous sommes de vrais pécheurs. Je m'interrogeais sur le message que Jésus demandait aux apôtres de prêcher avant de mourir ; c'est-à-dire pendant Sa durée de vie. C'est parce que je savais que l'Évangile commence à partir de Sa mort, lorsque le sang a été versé et que mes péchés peuvent alors être pardonnés. Quel était cet évangile ? Qu'était-Il en train d'offrir aux hommes ?

Il leur dit : « Le royaume de Dieu est proche de vous ! » C'était une façon de leur dire : « Vous pouvez entrer dans le Royaume de Dieu en acceptant le Messie. Si vous acceptez le Messie, vous ferez partie du peuple de Dieu ; et si vous faites partie du peuple de Dieu, Dieu sera responsable de votre vie. La bonne nouvelle est que vous ne savez pas à quoi votre vie ressemblera. Un nouveau type de vie commencera pour vous. Est-ce que vous le voulez ?" C'était cela la Bonne Nouvelle.

Notre Bonne Nouvelle a toujours été : « Tu es un pécheur. Jésus peut te pardonner et te sauver de toutes les malédictions, de toutes, toutes, toutes, toute et toutes ». Cependant, la Bonne Nouvelle ce n'est pas uniquement cela. La Bonne Nouvelle est également la venue du Christ et la possibilité d'une nouvelle qualité de vie, si tu permets à Dieu de prendre la place qui Lui revient dans ta vie, si tu acceptes Jésus-Christ comme ton Seigneur. C'est ce que nous prêchons aujourd'hui. Et quand nous disons : « Si tu acceptes Jésus comme ton Sauveur... », nous prêchons le sang du Christ qui pardonne tous les péchés. C'était vraiment la bonne nouvelle. Les apôtres disaient : « Ô frères, vous ne comprenez pas à quoi ressembleront vos vies ! »

Lorsque Jean-Baptiste Lui fit demander : « Es-tu le Roi qui devait venir ? », Il répondit aux détectives : « Donnez-moi un instant ». Puis, Il guérit les malades, ouvrit les yeux des aveugles. Ensuite, Il revêtit Ses prérogatives royales et leur dit : « Allez dire à Jean : les aveugles voient, les sourds entendent, les boiteux marchent, la bonne nouvelle est annoncée aux pauvres ! » Voilà à quoi la vie ressemble quand Jésus est Seigneur. Et Jean devait le comprendre, car c'est à cela que ressemble la vie lorsque l'homme retourne à sa référence naturelle, lorsque Dieu est Roi. Et c'est ce que nous devons prêcher aux nations.

De nombreux présidents ont été présidents. Qui a donc été guéri ? Quelle jambe a été guérie ? Quand on nous envoie des médicaments contre le Covid19 qui ne sont pas aussi efficaces que nous l'espérions tous, ils volent. À quoi ressemble la vie quand Jésus est Seigneur ? Il était en train de dire aux gens : « Essayez ceci, faites-y face. Acceptez-Le comme votre Messie ; faites partie du Royaume de Dieu et laissez Dieu s'occuper de vous. Et lorsque Dieu est responsable de votre vie, un nouveau genre de vie commence pour vous ». C'était cela leur bonne nouvelle. La bonne nouvelle ne consistait pas à demander aux gens d'abandonner leur joie, mais de les amener à confronter une nouvelle qualité de vie. Cela aurait été assez suffisant pour séduire les gens.

Celui qui a créé l'homme et forgé une nation connaît leurs besoins, et les deux sont inclus dans l'Évangile de Son Fils.

Acclamez pour le don de l'Évangile.

Alléluia !

LA BONNE ŒUVRE AU MOMENT APPROPRIÉ

Nous avons voulu présenter cela comme une introduction pour dire que notre Œuvre change, notre Œuvre et notre Ministère changent. Ce que nous devions faire à la phase 1 n'est pas nécessairement la priorité à la phase 2. Le prophète Ésaïe dit : « Dieu donne de la sagesse à l'agriculteur pour qu'il comprenne le travail adéquat à faire à chaque étape ».

Ésaïe 28 : 24-29 :

« Celui qui laboure pour semer laboure-t-il toujours ? Ouvre-t-il et brise-t-il toujours son terrain ? N'est-ce pas après en avoir aplani la surface qu'il répand de la nielle et sème du cumin ; Qu'il met le froment par rangées, L'orge à une place marquée, Et l'épeautre sur les bords ? Son Dieu lui a enseigné la marche à suivre, Il lui a donné ses instructions. On ne foule pas la nielle avec le traîneau, Et la roue du chariot ne passe pas sur le cumin ; Mais on bat la nielle avec le bâton, Et le cumin avec la verge. On bat le blé, Mais on ne le bat pas toujours ; On y pousse la roue du chariot et les chevaux, Mais on ne l'écrase pas. Cela aussi vient de l'Eternel des armées ; Admirable est son conseil, et grande est sa sagesse ».

Le prophète Ésaïe dit que c'est Dieu qui donne l'intelligence pour accomplir le travail approprié à chaque étape. Il dit que lorsqu'on commence à préparer le sol pour le cultiver, on ne continue pas à le préparer éternellement. Une fois le sol défriché, on passe à l'étape suivante qui est celle de semer. Et même en semant, on sème différentes graines avec intelligence. Il y a certaines qui sont semées au milieu des billons et il y en a d'autres qui sont semées à la périphérie des billons. Et il dit : « si tu es agriculteur et que tu ne connais pas Dieu, sache que Dieu donne de la sagesse pour le travail. Si tu continues à labourer, à labourer, à labourer, à labourer éternellement, tu n'auras pas de blé ». Nous sommes les co-ouvriers de Dieu et il nous faut recevoir la sagesse de notre Dieu.

Où en sommes-nous actuellement dans notre œuvre au Cameroun ? Quel genre de travail devrions-nous être en train de faire ? Quel est le travail le plus approprié actuellement ? Voici les dirigeants du ministère au Cameroun ; où en sommes-nous dans l'Œuvre de Dieu maintenant ? Quel est le travail approprié et pertinent qui doit être accompli maintenant ? Ésaïe dit que Dieu donne de la sagesse pour le travail, afin que chacun puisse être efficace.

Dieu donne de la sagesse aux ouvriers. Si tu vois un homme qui ne fait que labourer, labourer, labourer et labourer infiniment, il n'est pas un agriculteur, c'est un insensé. Quand une seule étape devient l'unique travail, tu es un insensé. Si tout ce que nous pouvons faire, c'est rester dans le passé, avec ce que nous savons, et seulement avec ce que nous savons, nous sommes des ouvriers qui n'ont pas de sagesse. Jacques 1 : 5 dit : « *Si quelqu'un d'entre vous manque de sagesse, qu'il la demande à Dieu, qui donne à tous simplement et sans reproche, et elle lui sera donnée ... »* Tout ouvrier, toute œuvre a ses étapes. Et un travailleur habile est celui qui reçoit la sagesse pour le travail adéquat à faire à chaque étape.

L'apôtre Paul dit même que lorsque l'étape du travail change, Dieu cherche un ouvrier approprié pour cette étape.

1 Corinthiens 3 : 6 :

« J'ai planté, Apollos a arrosé, mais Dieu a fait croître ».

L'apôtre Paul le dit clairement. Il dit que lorsqu'une certaine étape d'une œuvre est accomplie, passer à l'étape suivante pourrait nécessiter l'entrée en jeu d'autres ministères. Celui qui sème ne doit pas barrer la voie aux autres, car le travail qui doit être fait à présent est celui d'arroser. Il doit faire de la place à celui qui arrose. Quand un semeur a semé, ceux qui arrosent ne devraient-ils pas entrer en scène ?

Qui sont ceux qui doivent émerger pour que notre œuvre au Cameroun aille de l'avant ? Cela dépend du travail qui doit être fait.

Cette enfantillage qui consiste à toujours vénérer nos anciens... − nous avons raison de les vénérer ; cependant, lorsqu'il s'agit de l'œuvre, c'est de la folie. Où en sommes-nous maintenant avec l'œuvre au Cameroun que Dieu a placée entre nos mains ?

Ésaïe dit qu'il y a une étape de préparation, celle de labourer ... On secoue la terre. C'est ce que font le jeûne et la prière. Et la Bible dit que nous ne continuons pas à jeûner pour toujours. Toutefois, même ce jeûne-là est accompli pour un but. Après le jeûne, c'est-à-dire le labourage, que devons-nous faire ? Nous devons semer : c'est l'évangélisation. Et il dit que lorsque nous avons évangélisé et évangélisé, nous ne continuons pas d'évangéliser pour toujours ; on passe à l'étape suivante : nous devons moissonner. La moisson c'est les âmes gagnées et les églises implantées. Ensuite, Il dit que nous ne devons pas garder ce fruit et s'en vanter pour toujours ; il nous faut transformer ce blé en farine qui peut être utilisée à son tour pour faire du pain consommable. Le fruit doit devenir comme Jésus. Donc il faut l'écraser. Il y a des phases dans tout travail.

Un jeune homme ne devrait pas passer tout son temps à essayer de commencer une église s'il n'a pas suffisamment labouré par la prière et le jeûne. Jérémie dit qu'il ne faut pas semer parmi les épines et les chardons.

Maintenant, lorsque tu prêches et gagnes les âmes, ne te réjouis pas simplement de ce que tu es un évangéliste. Ce n'est pas suffisant. Tu prêches et gagnes les âmes. Tu sèmes la plante et Dieu lui donne la vie. Mais le fruit doit être récolté. Le fruit est ce qui va appartenir à Dieu : les disciples et les églises.

Jésus n'est pas venu mourir uniquement pour que les gens entendent l'Évangile. Il est venu mourir pour que Dieu ait des enfants et que Lui – Christ – ait une Épouse. Il est mort sur la croix pour que, comme Adam, il ait une épouse. Et la Bible dit qu'Il verra le fruit du travail de Son âme.

Prêcher et gagner les âmes n'est donc pas tout. Il nous faut les organiser dans les églises, et c'est tout un autre travail. Ensuite, une fois que nous avons l'Église, nous devons les transformer, en les aidant à perdre leurs individualités, de sorte qu'ils deviennent du pain. Ils doivent être transformés ; ils doivent perdre leurs individualités ; ils doivent devenir du pain.

1 Corinthiens 10 : 16-17 :

« ... Le pain que nous rompons, n'est-il pas la communion au corps de Christ ? Puisqu'il y a un seul pain, nous qui sommes plusieurs, nous formons un seul corps ; car nous participons tous à un même pain ».

Le pain que nous rompons est un symbole de l'Église. Lorsque nous rompons le pain, nous proclamons en réalité que nous sommes devenus un. Chacun est en train de proclamer : « J'étais une graine, mais je ne le suis plus ; J'ai été transformé en farine. Je fais partie du corps ». Mais Esaïe nous enseigne que pour produire ce pain c'est tout un autre travail.

Tout travail a des phases !

Tout travail a des phases !

Et c'est Dieu qui donne la sagesse pour faire le travail. Le fanatisme n'est pas productif. C'est Dieu qui donne la sagesse.

Dieu donne la sagesse pour Son œuvre !

Dieu donne la sagesse pour Son œuvre !

Eh frère ! Dieu donne la sagesse pour Son œuvre !

LE BON OUVRIER AU MOMENT APPROPRIÉ

1 Corinthiens 3 : 6-13 :

« J'ai planté, Apollos a arrosé, mais Dieu a fait croître, en sorte que ce n'est pas celui qui plante qui est quelque chose, ni celui qui arrose, mais Dieu qui fait croître. Celui qui plante et celui qui

arrose sont égaux, et chacun recevra sa propre récompense selon son propre travail. Car nous sommes ouvriers avec Dieu. Vous êtes le champ de Dieu, l'édifice de Dieu. Selon la grâce de Dieu qui m'a été donnée, j'ai posé le fondement comme un sage architecte, et un autre bâtit dessus. Mais que chacun prenne garde à la manière dont il bâtit dessus. Car personne ne peut poser un autre fondement que celui qui a été posé, savoir Jésus-Christ. Or, si quelqu'un bâtit sur ce fondement avec de l'or, de l'argent, des pierres précieuses, du bois, du foin, du chaume, l'œuvre de chacun sera manifestée ; car le jour la fera connaître, parce qu'elle se révèlera dans le feu, et le feu éprouvera ce qu'est l'œuvre de chacun ».

Vous, c'est-à-dire l'Église dites : « l'Église est le champ de Dieu ! L'Église est l'édifice de Dieu ».

Personne ne devrait se mettre à faire un travail qui a déjà été fait simplement parce qu'il veut se sentir égal à un autre ou comme un autre.

Une fois de plus, nous trouvons ici des étapes dans l'œuvre de Dieu avec des insistances différentes. Paul dit qu'il y a l'étape de semis. Il dit qu'il y a une étape pour planter, il y a une étape pour arroser. Paul qui avait planté était un apôtre, Apollos qui avait arrosé était un enseignant. Mais il dit que pour la croissance, il y a le facteur divin. Nous plantons, nous arrosons ; mais pour la croissance, Dieu doit œuvrer.

Il y a donc une étape pour planter. Un ouvrier approprié fera bien l'affaire. « *J'ai planté, Apollos a arrosé, mais Dieu a fait croître [...] Selon la grâce de Dieu qui m'a été donnée, j'ai posé le fondement comme un sage architecte* ».

A chaque étape du travail, il y a des ouvriers oints. Il y a des ouvriers à qui Dieu a donné des capacités, les hommes qu'il faut pour accomplir le travail de cette étape. De tels hommes doivent être trouvés. Si on les trouve, le travail avance.

Il y a une deuxième chose que Paul dit ici : « J'ai planté et Apollos a arrosé ». Que veut-il dire par là ? Il dit simplement que lorsqu'il a achevé son travail, il fait de la place aux autres. Paul est en train de dire : « J'ai achevé mon travail et je ne suis pas resté sous le feu des projecteurs. C'est le champ de Dieu ; c'est l'édifice de Dieu. Une fois mon travail achevé, je fais de la place aux autres ».

Nous sommes des Africains et nous avons hérité d'une chefferie à vie. Parfois, le seul moyen pour Dieu d'attirer d'autres ouvriers est de rappeler péniblement Ses serviteurs à la maison. A Yaoundé, nous avons dit que la mort de certains ouvriers commissionne ceux qui étaient leurs serviteurs. C'est la mort de Moïse qui commissionna Josué. Donc, ne sois pas émotif. Tu devrais plutôt entendre Dieu et commencer ton œuvre. « J'ai planté ; Apollos a arrosé ». Il nous faut travailler dur. En revanche, nous avons aussi besoin d'humilité pour faire de la place aux autres, afin de gagner ; afin que notre travail, ce qui est semé, ne soit pas perdu. Nous avons besoin d'un Apollos pour arroser ce que nous avons planté.

Paul ajoute qu'il a fait le travail selon les capacités et la grâce que Dieu lui a données. Apollos a arrosé, mais c'est Dieu qui fait croître l'œuvre. Paul et Apollos sont des serviteurs de Dieu, ils sont des ouvriers dans Son chantier. Chacun sera récompensé selon la qualité de son travail, mais c'est Dieu qui fait croître l'œuvre.

J'insiste là-dessus, parce que nous sommes arrivés au Cameroun au moment où l'Œuvre était à la phase que je peux appeler « la phase de la croissance de l'Église ». Si ton œuvre se trouve à ce stade, tu dois traiter avec Dieu.

LES CO-OUVRIERS DE DIEU

En un mot, mon message est le suivant : c'est la bénédiction du Seigneur qui fait croître l'œuvre ; et quiconque cherche la bénédiction de Dieu doit s'efforcer de Lui plaire. C'est la bénédiction de Dieu qui fait croître l'œuvre. Celui qui désire ce que Dieu fait, qui désire l'élément divin dans l'œuvre, doit plaire à Dieu. Il fait tout pour plaire au Seigneur. C'est la bénédiction du Seigneur qui multiplie. Et celui qui veut la bénédiction de Dieu doit plaire à Dieu.

Si nous sommes arrivés à la phase de croissance de l'église dans le ministère au Cameroun, et si c'est Dieu qui multiplie, qui fait croître l'œuvre, alors nous devons nous tourner vers ce que nous appelons la bénédiction ; pas simplement la bénédiction tel que recevoir de la nourriture à manger, mais la bénédiction comme ce qui vient de Dieu pour faire croître l'œuvre.

Il y a trois ouvriers dans ce passage :

- Paul : « J'ai planté »
- Apollos : « Apollos a arrosé »
- Dieu : « Dieu l'a fait grandir »

Ce n'est pas que la croissance de l'Église dépende de Dieu ; C'EST DIEU QUI FAIT CROÎTRE L'ÉGLISE.

LA BÉNÉDICTION DU SEIGNEUR

Au stade actuel où nous nous trouvons dans l'œuvre au Cameroun, nous avons désespérément besoin de la touche de Dieu ; nous avons besoin de la main de Dieu, nous avons besoin de ce que Dieu apporte dans l'œuvre. Paul dit : « J'ai travaillé et travaillé. Apollos a travaillé et travaillé. Mais c'est Dieu qui fait croître l'œuvre ».

Celui qui le ne comprend pas passera toute sa vie à travailler comme l'apôtre Paul avec des églises qui lui briseront le cœur. Il ne va jamais connaitre la dimension que Dieu apporte. Il y a ce que Dieu apporte dans l'œuvre. Il ne s'agit pas d'une chose du dernier jour ; c'est dans le présent : « J'ai planté, Apollos a arrosé et Dieu l'a fait pousser. »

Quand Dieu intervient dans l'œuvre d'une personne pour apporter la dimension divine, pour apporter Sa contribution divine, quand Dieu apporte Sa touche dans l'œuvre d'une personne, ou dans une certain œuvre, l'Ancien Testament appelle cela « la bénédiction de l'Eternel ». C'est pourquoi on peut voir partout : « Dieu les bénit et leur dit : Soyez fécond. Multipliez ! » La bénédiction de Dieu multiplie. Quand le Seigneur prit le pain et le bénit, vingt-cinq mille personnes en mangèrent. Si tu prends le pain et tu le divises en vingt-cinq mille, personne n'en mangera. Tu n'auras fait que l'émietter ; tu émiettes le pain que seul ton corps peut absorber en plusieurs morceaux. Emiette ton pain ... émiette-le. Il faut mâcher le pain 70 fois, comme on nous l'a dit à l'école primaire. Cela ne suffira que pour toi. Mais quand le Seigneur prit le pain, il le bénit et vingt-cinq mille personnes en mangèrent.

Dans le chapitre suivant, nous confronterons le fait que c'est Dieu qui le fait grandir.

Nous avons évangélisé à Garoua. Nous sommes en train d'évangéliser à Douala. Pour ce qui est de l'œuvre au Cameroun, quand il s'agit de « Santa Cruzer », nous évangélisons, beaucoup d'âmes sont gagnées, et un petit nombre d'âmes sont ajoutées. Il fut un temps où Santa Cruz avait entrainé une grande augmentation. Ici au Quartier Général, ils peuvent en témoigner ; ils sautent et ils vont dans les villages pour accomplir tant de choses. C'est la bénédiction du Seigneur qui fait grandir.

La bénédiction de Dieu n'est pas seulement une chose liée à la volonté arbitraire de Dieu. Celui qui veut la bénédiction, comme Ésaü, doit apprendre à plaire ; car le moment vient où il est trop tard pour celui qui a désobéi, au moment où il veut la bénédiction. Tous ne sont pas bénis, car Il ne bénit pas ce qui contredit Sa nature. Tous ne sont pas bénis.

J'ai planté, Apollos a arrosé, mais c'est Dieu qui l'a fait croître.

Notre œuvre au Cameroun a atteint le point de croissance de l'Église. Le nombre de dirigeants et de ministres doit augmenter. Le nombre de convertis doit augmenter. Le nombre d'églises doit augmenter. Nous pouvons continuer à évangéliser et le nombre d'églises n'augmente pas, et le nombre de dirigeants n'augmente pas, et le nombre de disciples n'augmente pas, et le nombre de restitutions n'augmente pas, et le nombre de transformations n'augmente pas. Le nombre de baptêmes ...

Quand on écoute le nombre de baptêmes enregistrés comme résultat des évangélisations dont parlent les frères, on sait qu'il n'y a pas de croissance. Et les dirigeants ne s'en rendent pas compte. Écoute tous les dirigeants parler du baptême ; tu sauras qu'il n'y a pas de croissance. Quelqu'un dira : « Nous avons conduit quarante mille personnes au Seigneur l'année dernière ; nous en avons baptisé six cents ! » ; et tu sais qu'il n'y a pas de croissance. C'est là où nous en sommes dans notre œuvre au Cameroun.

Psaume 90 : 17.

« Que la grâce de l'Eternel, notre Dieu, soit sur nous ! Affermis l'ouvrage de nos mains, Oui, affermis l'ouvrage de nos mains ! »

Le Psalmiste prie : « Ô Seigneur, affermis l'œuvre de nos mains. Ô Seigneur, bénis l'œuvre de nos mains. Seigneur, affermis pour nous l'œuvre de nos mains ». Nous travaillons, Dieu affermit. Il y a un élément divin qui descend sur certains ; pas sur les ambitieux. Ce n'est ni le produit de l'ambition, ni celui du travail dur. Tout dirigeant présent a besoin de la bénédiction de Dieu pour pouvoir se multiplier.

Celui qui veut la bénédiction s'efforce de plaire. C'est la loi de la bénédiction, que ce soit envers Dieu ou envers l'homme : celui qui veut la bénédiction s'efforce de plaire. Deutéronome 28 déclare : « tu seras béni si tu m'obéis ; si seulement tu m'obéis, Je te bénirai ; Je te mettrai à part parmi les nations ».

Ceux qui veulent être bénis plaisent. Le travail dur ne suffit pas. « J'ai planté, Apollos a arrosé ». Cela ne suffit pas ; c'est

Dieu qui fait croître. La bénédiction est ce dont nous avons désespérément besoin au Cameroun.

« C'est la bénédiction de l'Eternel qui enrichit, Et il ne la fait suivre d'aucun chagrin » (Proverbes 10 : 22).

2

QUAND DIEU DESCEND

Partageons le message de Beijing (voir annexe), car beaucoup de gens ne savent pas ce qu'il contient. Certains pourraient être surpris d'entendre ce que Dieu a dit à cette époque-là ?

TÉMOIGNAGE – 1 : DIEU EST DESCENDU AU SÉNÉGAL

Je veux partager avec vous quelque chose qui a commencé à se produire au Sénégal. Récemment, après la croisade de prière, les frères sont rentrés et ont décidé de se bouger. Un simple frère d'origine peule a vu une fille venant de son village ; la fille était malade et tourmentée. Il leur a promis qu'il irait au village pour prier pour elle. Il est retourné au village, a prié pour elle, et elle a été délivrée. Puis Dieu a commencé à amener une multitude de malades, et la puissance de Dieu est descendue pour les guérir. Les gens en ont entendu parler depuis les États-Unis, depuis la Belgique, et ont commencé à venir. Un ministre du gouvernement de la Guinée Bissau en a aussi entendu parler, et il a invité les frères. Partout où les frères allaient, la puissance de Dieu descendait pour guérir. Alors, j'ai appelé les frères du Mali au téléphone et je les ai suppliés en disant : « Quand Dieu descend de la sorte, les frères pourraient bientôt s'épuiser ». J'ai supplié le frère Jean François Edogue d'envoyer du renfort aux frères.

Luc 5 : 4-7 :

« Lorsqu'il eut cessé de parler, il dit à Simon : Avance en pleine eau, et jetez vos filets pour pêcher. Simon lui répondit : Maître, nous avons travaillé toute la nuit sans rien prendre ; mais, sur ta parole, je jetterai le filet. L'ayant jeté, ils prirent une grande quantité de poissons, et leur filet se rompait. Ils firent signe à leurs compagnons qui étaient dans l'autre barque de venir les aider. Ils vinrent et ils remplirent les deux barques, au point qu'elles enfonçaient ».

Ils ont jeté le filet et ils ont été choqués par la pêche ; ils ont été choqués par leur prise de poissons. Qu'ont fait Pierre et André ? Ils ont supplié leurs partenaires dans l'autre bateau : « Venez nous aider ! » Lorsque Dieu agit quelque part, nous nous assurons tous de rassembler la moisson. Il se peut que tu sois en train de travailler dans ton bateau et moi dans le mien ; mais quand Dieu agit, quitte ton bateau. Tu ne devrais pas dire : « Ô mon Dieu, agis dans mon bateau ! » Quitte ton bateau et va là où Dieu est en train d'agir, pour que nous conservions la moisson. En ce moment, le frère Jean François est parti au Sénégal pour aider et il y a envoyé quatorze autres frères. Je ne crois pas que les frères comprennent.

Permettez-moi de vous raconter un peu ce qui se passe. Depuis la fin du jeûne du Ministère,

- Environ 18 900 personnes ont été sauvées,
- 2 000 personnes totalement paralysées se sont levées et ont marché,
- 650 personnes complètement aveugles dont les yeux se sont ouverts,
- 900 personnes sourdes-muettes ont été guéries instantanément,
- 250 fous ont été délivrés sur le champ,
- 10 000 personnes ont été délivrées des démons.
- 200 personnes haut placées dans l'administration du Sénégal et les lieux environnants sont venues sur place et ont été sauvées.
- 65 imams ont été sauvés.
- 16 enseignants du Coran ont été sauvés.

Prions pour que le Seigneur multiplie partout dans notre œuvre ce qu'Il a commencé à faire au Sénégal, comme le dit le message de Beijing.

Nous voulons te dire : « pendant que tu pars,

- guéris les maladies,
- ressuscite les morts,
- purifie les lépreux,
- délivre ceux qui ont les démons,
- et proclame la bénédiction sur tous ; dis-leur que l'année de la faveur de Dieu est venue pour eux,
- va et fais de même.

Il y a un grand millionnaire au Sénégal qui a un ami mauritanien. Ils se sont fait beaucoup d'argent. Toutes les nuits, ils ne pouvaient pas dormir. Des petits démons appelés « Midgets » (Nains) venaient les frapper pendant la nuit -

satan ne peut pas te donner son argent gratuitement. Ainsi donc, celui du Sénégal a rencontré les frères et a été délivré. Il a téléphoné à son ami millionnaire en Mauritanie et lui a dit : « Viens, mon ami ». Celui-là est venu, les frères lui ont prêché. C'est un Maure blanc. Ils lui ont prêché et il a été délivré. Le seul problème est qu'il ne sait plus comment rentrer.

Prions pour que les frères qui ont adoré Dieu partent et fassent de même, à cause de ce que Dieu a commencé à faire.

TÉMOIGNAGE – 2 : LE RÉVEIL TOUPOURI

Il y a quelques années, dans notre œuvre ici au Cameroun, le Seigneur nous a donné une percée dans la conversion massive des Toupouri. De nombreux Toupouri ont été sauvés. Je me suis rendu à Maroua environ trois fois. Le frère O. m'a rapporté qu'environ 20 lamidos suppliaient les frères de leur apporter l'Évangile et ils avaient donné des terres pour que les frères construisent des églises avant même que les frères n'arrivent. Mais les dirigeants de Maroua étaient absorbés par les problèmes internes et nous n'avons pas rassemblé la moisson des Toupouri comme Dieu voulait qu'on le fasse.

Peu de temps après, il y a eu un réveil dans la tradition toupouri. Les Toupouri du Tchad et ceux du Cameroun ont commencé à inviter tous les Toupouri du monde entier à venir au bercail pour l'initiation. Ils ont ravivé les initiations, comme pour renforcer les liens ; et les Toupouri ont commencé à venir de partout dans le monde pour l'initiation. Un grand nombre a été initié. C'était comme si le réveil parmi les Toupouri s'était mis à mourir.

Ce phénomène s'est une fois produit au Tchad. Il y avait eu beaucoup de prédication de l'Évangile au Tchad, particulièrement au sud du Tchad. Puis, un fils de pasteur, François Tombalbaye, était devenu président (1962 – 1969). Il a ordonné à tout le peuple tchadien de retourner à l'initiation ; des millions de Tchadiens furent initiés. Et ceux qui refusaient l'initiation étaient, pour certains, enterrés vivants, la tête hors de terre. On y déversait du sucre pour que les fourmis la rongent jusqu'à ce qu'elle se dessèche. Après cette régression du fils du pasteur et le retour aux initiations, il y a eu la guerre au Tchad presque sans arrêt pendant les quarante dernières années. C'était dans les années soixante ; le Tchad ne s'en est pas remis.

Le Seigneur nous a une fois donné une vision au Tchad, dans laquelle Il disait que la moisson au Tchad était prête, et Il ordonnait à notre peuple d'aller la récolter et sauver le Tchad. Mais nos dirigeants n'y ont pas cru et ils n'ont pas bougé.

Au Cameroun, je pense que Dieu est en train de nous donner une autre vague de réveil Toupouri. Pendant notre récente tournée, nous sommes arrivés à Kani-Danaï ; il y avait juste des foules, des foules et des foules qui se tournaient au Seigneur. Je ne pense pas que plusieurs d'entre eux comprenaient même l'Évangile. Mais des foules, des foules, des foules se tournaient vers l'Évangile. Nos dirigeants de Kani-Danaï ne savent même pas combien ils sont dans l'œuvre. Le frère Jean de Dieu estime qu'ils sont plus de 700.000. Le pasteur Lontsio est si heureux dans le Seigneur qu'il dit juste : « notre nombre a augmenté et dépassé 600.000 ». Il ne connaît même pas les chiffres exacts. Ils ne comptent pas les femmes, encore moins les enfants. Nous leur avons demandé de commencer à compter les femmes et les enfants. Il y a une nouvelle vague de Toupouri qui viennent à Dieu en grand nombre.

Remercions le Seigneur pour cette deuxième vague du réveil Toupouri et prions pour que nous ne la perdions pas, mais que nous travaillions dur pour rassembler la moisson.

Par exemple, au Sénégal, l'un des frères qui est à l'origine de ce mouvement travaille dans les forces armées. Il s'est rendu dans un village, et tout a commencé. Même quand il veut se reposer, les gens frappent à sa porte. Pendant leur culte matinal, toute la maison est pleine de monde. Ils doivent supplier les gens d'attendre jusqu'à ce qu'ils aient fini de prier. Depuis deux mois maintenant, ce frère n'est plus retourné à son service, non pas parce qu'il ne veut plus travailler, mais parce qu'il n'a pas pu y retourner. C'est ce que le réveil coûte. Il faut qu'il y ait des hommes pour travailler. Le frère Fidèle m'a demandé quelle démarche ils devraient entreprendre et j'ai répondu : « Dis-lui d'écrire à son patron ». Lorsque l'indulgence de son patron sera épuisée, il devra présenter sa démission. Il est déjà devenu un missionnaire et il n'y a plus moyen de revenir en arrière. Il y a des moments où il suffit juste de dire : « le Seigneur a besoin de cet âne ! » Nous avons besoin de personnes disponibles.

QUAND DIEU COMMENCE À AGIR

Charles Finney se rendait à l'église pour son mariage. Son épouse l'y avait devancé. Quelque part en chemin, son cheval a eu un problème. Il est allé réparer les fers à cheval. Là, il a commencé à parler de Jésus à un jeune homme. Ce jeune homme est tombé sous la puissance de Dieu. Puis une deuxième personne est venue, puis une troisième, une quatrième, une centième, une millième, une dix millième.

Charles y est resté pendant six mois, en costume de noces. Il avait seulement réussi à envoyer quelqu'un dire à sa fiancée de rentrer chez elle, que son fiancé ne l'avait pas laissé tomber, mais que le Seigneur s'était saisi de lui. Tu vois, frère, il y est resté pendant six mois.

Lorsque le réveil vient, Dieu doit trouver la consécration dont il a besoin. Si tu es prêt à continuer dans les choses terrestres lorsque Dieu est descendu, le réveil s'arrêtera là. Personne ne demande à Dieu d'attendre ; Dieu n'est le serviteur de personne. Lorsque Dieu commence à agir, tu pourrais ne saluer ta femme à nouveau qu'après neuf mois.

Quand j'étais allé présenter Adela au frère Zach, le frère Zach l'avait regardée ; il était désolé pour elle. Il a demandé à Adela : « veux-tu vraiment épouser Théodore ? » Adela a répondu oui. Il a demandé à nouveau : « Es-tu prête ? Car dans l'avenir, ta vie sera telle que tu passeras neuf mois sans le voir. Es-tu prête ? » L'amour dit spontanément oui, avant même de comprendre les implications. Elle a vite dit oui. Et le frère Zach a dit : « D'accord ! »

La première fois que nous avons passé quatre mois sans se voir — Dieu merci, elle était avec la sœur E. K qui lui rendait ministère — il lui a fallu deux à trois ans pour se remettre émotionnellement. Si nous voulons que Dieu agisse, nous devons être prêts à nous rendre disponibles pour Lui. Si Dieu condescend à se servir de nous, nous n'osons pas Lui dire : « Dieu, attends d'abord ! »

Dieu merci pour cette deuxième vague de réveil.

C'est le Seigneur qui nous donne une seconde chance. Nous ne devons pas la rater cette fois-ci. Nous ne devons pas dire au Seigneur : « Je viens juste d'acheter un terrain, je dois aller le voir. S'il te plait excuse-moi. » Ou « je suis sur le point de me marier, alors je ne peux pas venir » ou « je viens juste d'acheter cinq paires de bœufs, je suis en route pour aller les essayer. » On ne dit pas de telles choses au Seigneur. Dieu veut que Jésus reçoive la prééminence en toutes choses. La prééminence veut dire la première place. Celui qui donne à Jésus la première place en Lui disant : « attends jusqu'à ce que j'accomplisse ceci ... » s'est exclu des desseins de Dieu à jamais. Tu ne peux pas dire au Seigneur : « que je me marie d'abord ! » ou « quand j'obtiendrai mon diplôme de sortie ... » Non ! Dieu veut que Jésus reçoive la prééminence en toutes choses.

Remercions le Seigneur ! C'est un grand témoignage pour nous.

Dans la partie Nord du Cameroun en allant vers le Tchad, dans l'Extrême-Nord, le Saint-Esprit est en train de se mouvoir parmi les Toupouri, les Massai, les Moundang. Tout ce que le Seigneur veut c'est des personnes disponibles. Est-ce à un tel moment que les dirigeants de la CMCI devraient commencer à lutter pour les postes, les terrains, l'administration et plusieurs autres choses ? La moisson n'attend pas éternellement : si nous n'agissons pas immédiatement lorsqu'elle est prête, nous la perdrons.

Remercions Dieu pour cette seconde chance qu'Il nous donne. Prions pour que nous ne la rations pas.

Prions pour que le Seigneur trouve des personnes disponibles et qui imiteront le frère Bello, qui se rassurait que l'Évangile soit prêché jour après jour pendant sept ans. Le

Seigneur l'a encouragé et pendant sept ans, il s'est rassuré que l'Évangile soit prêché chaque jour.

Alléluia !

En 2011, quand le Seigneur a commencé à agir parmi les étudiants et les jeunes, Joseph Ngandeu revenait de l'Afrique du Sud ; il devait poursuivre son doctorat en France. Je lui ai dit : « Dieu a commencé à se mouvoir, tu ne peux plus partir ! » C'est alors que le doctorat a été abandonné. Et Dieu nous a donné une génération de dirigeants. Quand Dieu se met à agir, tu ne peux pas Lui dire : « attends ! ». Nous avons maintenant de nombreux mouvements d'étudiants. Nous avons maintenant un mouvement de jeunes qui est une bénédiction pour toute l'œuvre, du fait qu'il n'ira plus en France, afin que le petit niveau auquel Dieu a commencé à se servir de lui ne soit pas perdu.

Si Dieu commence à se servir de toi et tu Lui dis : « eh bien Seigneur ... ! » à cause de contraintes professionnelles, Il te met de côté. Matthieu n'a même pas eu le temps de rentrer écrire sa démission. Dès qu'il rencontra le Seigneur, son travail prit fin et son apostolat commença. Ce n'est pas que Dieu n'a pas commencé à se servir de plusieurs d'entre vous. Cependant, plusieurs ne sont pas disponibles, parce que vous ne savez pas et vous ne réalisez pas que dans toute œuvre, dans toute vie, dans toute communauté, la volonté de Dieu n'est pas que Jésus soit fait numéro deux ... Nullement ! Comme Colossiens le dit, Dieu a voulu que Christ puisse avoir la prééminence en toutes choses ; et Il est la Tête du Corps, qui est l'Église.

LES SIGNES ET LES PRODIGES DOIVENT SOUTENIR LE MESSAGE

J'ai dit aux frères du Sénégal qu'il faut qu'ils impriment cinquante mille exemplaires du livre _L'amour et le Pardon de Dieu_. Dieu est en train d'agir, mais les gens peuvent ne pas comprendre ce qui se passe. Les signes et les prodiges doivent soutenir le message. Je leur ai dit : « Dieu nous a donné des signes et des prodiges ; rassurez-vous de leur donner le message. Ils n'entendent pas grand-chose des prédications lorsqu'ils veulent des miracles, et le Nom de Jésus va guérir. Cependant, donnez à chaque famille _L'amour et le Pardon de Dieu_.

La plupart de ceux à qui les frères prêchent sont des Foulbés. Ils n'ont pas un arrière-plan chrétien. Ce sont des païens, des musulmans, des Foulbés. Ils ne connaissent rien de l'Évangile ; donc très bientôt, ils pourraient traiter les frères comme s'ils étaient des marabouts qui ont découvert une formule de guérison. Lorsqu'ils se rencontrent, les frères disent : « _Au nom de Jésus, soyez guéris !_ ». Ils sautent de joie et rentrent chez eux ; mais ont-ils compris ? Même les Juifs au temps de Jésus, que comprenaient-ils réellement ? Alors, je leur ai dit que lorsqu'ils finissent de guérir, ils devraient donner aux gens _L'amour et le Pardon de Dieu_, et leur demander de trouver des personnes dans leurs familles qui les aideront en leur lisant le livre. Ainsi, plus tard, nous pourrons avoir plus de 40 000 églises de maison. Nous pourrions ne pas commencer à enseigner à présent que Dieu est encore en train d'agir dans la puissance, mais nous pouvons injecter le message. Sans le message, les miracles, les signes et les prodiges ne seront que l'œuvre d'un marabout – et ils ont de nombreux marabouts qui prétendent aussi faire des miracles. Ainsi, le nom de Jésus pourrait facilement devenir le nom d'un marabout plus puissant. De ce fait, ils devraient injecter le message de _L'amour et le Pardon de Dieu_, sans arrêter ce qu'ils font actuellement. Cela nous aidera plus tard. Jusqu'à présent, ils n'ont produit que 6 000 exemplaires de ce livre.

UN VERRE D'EAU À UN PROPHÈTE.

Tu voudrais peut-être emprunter un raccourci pour entrer dans ce qui se passe au Sénégal ? Peut-être me supplieras-tu de recevoir ton argent et de l'envoyer là-bas, afin que tu puisses être un co-ouvrier avec eux ? Je vais de toutes les façons te supplier. J'aime tricher de cette manière : tu donnes de l'eau à un prophète et tu reçois une récompense de prophète. C'est en effet un raccourci. Combien d'années un prophète passe-t-il dans le désert, comme Jean-Baptiste, portant le même vêtement, mangeant des sauterelles ... ? Et si je lui donne juste un verre d'eau, on me donnera sa récompense ! L'argent est vraiment puissant. Même dans les choses de Dieu, quand le cœur est sincère, l'argent est bon. Si tu veux « tricher », supplie-moi et apporte quelque chose qui fera que ton cœur saigne, quelque chose que nous leur enverrons pour la production de _L'amour et le Pardon de Dieu_

Ne ratons pas cette opportunité, même si nous ne faisons rien d'autre que de remplir le Sénégal du message de l'évangile. Même en l'absence de miracles, ce serait quelque chose de formidable. Je ne veux même pas demander qui veut donner ; tu vas me chercher pour que nous donnions pour la production de tracts en arabe, en fulfulde, en français, en anglais et en portugais.

Prions pour que les frères du Cameroun « trichent ».

3

LA BENEDICTION ENRICHIT

L'ONCTION REND CAPABLE

Nous avons atteint une phase de notre œuvre où l'église doit connaître la croissance, à travers l'attestation divine, à travers la main de Dieu. Nous avons dit plus tôt que c'est la bénédiction du Seigneur qui multiplie. C'est la bénédiction de Dieu qui multiplie. De même, l'onction de Dieu rend capable ; l'onction de Dieu te rend capable et te donne du succès. L'onction de Dieu te rend capable et te rend efficace, afin que tu puisses réussir. L'onction rend capable. La bénédiction multiplie. La bénédiction de Dieu multiplie ce que tu as, ce que tu es ; mais l'onction de Dieu te rend capable de réussir.

Rendus à cette phase de notre oeuvre, plusieurs ont expérimenté le succès. Certains grâce au travail dur, d'autres à travers la foi; d'autres encore y sont parvenus à travers l'obéissance. Cependant, l'onction apporte un succès inhabituel.

Je pourrais travailler très dur et bâtir deux ou trois disciples. Mais quand l'onction vient sur moi, selon sa mesure, je peux avoir une experience semblable à la Pentecôte : trois mille personnes remplies du Saint-Esprit d'un coup. Ainsi, l'onction peut me rendre capable de faire un disciple en un seul contact. Soudain, la personne est transformée; soudain, la personne est radicalement consacré; une chose qui aurait nécessité du travail dur pendant dix ans. Et l'onction peut grandir au point de me rendre capable de faire disciple une nation. Et elle peut grandir de manière à me rendre capable de faire disciple une génération. Et l'onction peut grandir pour me rendre capable de faire disciples quatre générations, pour le succès. L'onction rend capable.

Je pourrais travailler très dur en donnant sacrificiellement dix sommes, au point que mes enfants maudissent ma consécration; mais l'onction peut descendre sur moi de sorte que je donne cents sommes d'un coup, ou encore mille sommes, ou dix mille sommes, ou un million de sommes.

Quel en est le prix ? Le Seigneur peut te dire : "quitte ta maison, commence à te rendre à Ndoumbi. Une fois à Ndoumbi, au niveau du pont, descend et creuse jusqu'à un mètre. Je t'y ai réservé un gros diamant, une grosse pierre précieuse. Je t'y ai réservé un diamant de dix carats. Vas-y, creuse jusqu'à un mètre; je t'y ai réservé un diamant de dix carats. Et il y a des pierres précieuses qui coûtent bien plus cher que le diamant. Quel en est le prix ?

DIEU DIRIGE CEUX EN QUI IL PREND PLAISIR

Quand le Seigneur approuve la voie d'un homme, "tes oreilles entendront derrière toi la voix qui dira : voici le chemin, marches-y !" (Esaïe 30:21). J'ai eu deux experiences de ce genre, mais il n'était pas question d'argent.

Une fois, j'ai quitté Bambili pour aller enseigner à Bambui. J'avais faim. En un certain lieu, le Saint-Esprit m'a dit: "entre dans ces herbes-éléphant !". Je me suis dit : "peut-être suis-je en train de devenir Nebucanetsar ! Comment puis-je pénétrer les herbes-éléphant sans raison ?". Puis je me suis dit : "puisque je n'aurai pas de paix à moins d'avoir obéi, j'entrerai, même si je semble fou". Une fois que je l'ai fait, la même voix m'a dit : "avance !". Je me suis avancé. Elle a reprit en disant : "va plus loin !". J'ai continué d'avancer. A environ quatre mètres de la route, j'ai vu des fraises délicieusement mûres. Je me suis dit : "wow ! Dieu a préparé le petit déjeuner pour moi !" J'ai mangé. En revenant au même endroit le jour suivant, je me disais : "je vais voir !"; mais il n'y avait plus rien.

Quand le psalmiste dit : "Le Seigneur est mon berger...Tu dresses devant moi une table, en face de mes adversaires;... ma coupe déborde" (Psaumes 23), cela peut être littéral. Et quand Dieu cuisine, on a de l'appétit.

Une autre fois, la mère de mon disciple est décédée dans un village près de Ntui. Je venais tout juste de rentrer du Nigéria où le frère Zach m'avait envoyé. Il m'a dit : "la mère de ton disciple est décédée. Vas-y de suite, parce qu'il sera très confus sans toi". Donc, j'ai emprunté un bus et je suis arrivé à Betamba vers minuit. Je me suis engagé sur un chemin broussailleux avec une torche. Ceux qui connaissent Mbam savent qu'il y a plusieurs sentiers dans une plantation de cacao. Ainsi, en suivant le chemin qui m'avait été indiqué, je me suis perdu. J'ai même rencontré des chasseurs. Dieu merci, ils n'ont pas tiré avant de m'avoir vu. Je leur ai demandé si j'étais sur la bonne voie pour me rendre dans ce village-là; et ils m'ont répondu : "tu en es très loin, tu as pris la mauvaise direction".

Alors j'ai dit au Seigneur : "je suis perdu, mais Tu as dit dans Ta Parole : "tu entendras une voix derrière toi te dire : "voici le chemin, marches-y". J'ai dit : "maintenant Seigneur, que j'entende cette voix me dire : "voici le chemin". Sur le champ, il a parlé à mon coeur. Il a dit : "traverse cet arbre abattu !". Je l'ai traversé. Puis Il a dit : "va à ta gauche !". Je ne faisais qu'avancer et Il me disait : "continue d'avancer ! continue d'avancer !". Arrivé à un certain endroit, il a dit : "tourne à droite; tu vas atteindre un rond-point, tu reconnaitras la route, et de là tu pourras reconnaitre ton chemin. J'ai tourné à droite, j'ai trouvé le rond-point, j'ai reconnu le lieu où je me trouvais et je suis arrivé au village.

Ne te rend pas sur le terrain pour commencer à dire : "Seigneur dirige-moi !". Il dirige ceux qui en ont besoin. Et je n'ai plus eu cette experience, parce que je m'assure de connaitre le chemin avant d'y aller. Alléluia ! Rassure-toi de connaitre le chemin avant de voyager, pour que tu n'aies pas à demander au Saint-Esprit. Le Saint-Esprit dirige ceux qui en ont besoin. Que lui coûte-t-il de te dire : "creuse ici, j'ai un trésor pour toi ?"

L'onction peut t'amener à donner des milliers de sommes. Tu pourrais travailler très dur et bâtir une méga église de dix mille personnes. Puis l'onction vient sur toi et tes capacités s'étendent et ton église grandit. L'onction rend capable. La bénédiction multiplie. La faveur de Dieu tourne les coeurs et les ressources des hommes vers toi. La faveur tourne les coeurs et les ressources des Hommes vers toi. Mais c'est la bénédiction du Seigneur qui multiplie.

LA BÉNÉDICTION MULTIPLIE

Genèse 1:22

Dieu les bénit, en disant : "Soyez féconds, multipliez, et remplissez les eaux des mers; et que les oiseaux multiplient sur la terre".

Dieu avait béni les créatures des mers. Il les a bénies pour qu'elles se multiplient. La bénédiction multiplie.

Genèse 1:28

Dieu les bénit et Dieu leur dit : "soyez féconds, multipliez, remplissez la terre, et l'assujettissez; et dominez sur les poisons de la mer, sur les oiseaux du ciel, et sur tout animal qui se meut sur la terre".

Dieu bénit Adam et Eve. La bénédiction du Seigneur devait les rendre féconds. C'était de la multiplication continuelle qui ne faisait que s'accroitre en unités, en dizaines, en centaines, en milliers, dizaines de milliers, centaines de milliers, millions, dizaines de millions, centaines de millions, milliers de millions et dizaines de milliards.

Genèse 22:9-18

Lorsqu'ils furent arrivés au lieu que Dieu lui avait dit, Abraham y éleva un autel, et rangea le bois. Il lia son fils Isaac, et le mit sur l'autel, par-dessus le bois. Puis Abraham étendit la main, et prit le couteau, pour égorger son fils. Alors l'ange de l'Eternel l'appela des cieux, et dit : Abraham ! Abraham ! Et il répondit : Me voici ! L'ange dit : n'avance pas ta main sur l'enfant, et ne lui fait rien; car je sais maintenant que tu crains Dieu, et que tu ne m'as pas refusé ton fils, ton unique.

Abraham leva les yeux, et vit derrière lui un bélier retenu dans un Buisson par les cornes; et Abraham alla prendre le bélier, et l'offrit en holocauste à la place de son fils. Abraham donna à ce lieu le nom de Jehova Jiré. C'est pourquoi l'on dit aujourd'hui : à la montagne de l'Eternel il sera pourvu. L'ange de l'Eternel appela une seconde fois Abraham des cieux, et dit : je le jure par moi-même, parole de l'Eternel ! parce que tu as fait cela, et que tu n'as pas refusé ton fils, ton unique. Je te bénirai et je multiplierai ta postérité, comme les étoiles du ciel et comme le sable qui est sur le bord de la mer; et ta postérité possédera la porte de ses ennemis. Toutes les nations de la terre seront bénies en ta postérité, parce que tu as obéi à ma voix".

Combien y a-t-il d'étoiles ? Les bénédictions d'Abraham devaient être comme ces étoiles. Combien y a-t-il d'étoiles ? Combien de grains de sable y a-t-il au bord de la mer ? Et les bénédictions d'Abraham étaient aussi nombreuses que ces grains de sable. Atteins des dizaines de millions, des centaines de millions; avance. Qu'est-ce qui limite Dieu ? Un homme, Abraham, a été béni avec des descendants aussi nombreux que les étoiles, aussi nombreux que les grains de sable sur le bord de la mer. Ce sont là les dimensions de Dieu.

La plupart des femmes ont environ 500 ovules à la naissance. Elles n'enfantent pas chaque mois; mais si on divise 500 par 12, l'on obtient le potentiel de productivité annuel de chaque femme. Une éjaculation produit environ 400.000 spermes. Combien de fois as-tu répandu ta semence ? Dieu nous a fait à son image. Un homme pour une durée de vie...

Selon les statistiques de l'OMS, un couple moyen a des rapports sexuels deux fois par semaine entre 25 et 35 ans, avant de les réduire à une fois par semaine entre 38 et 48 ans. Si un homme a des rapports sexuels deux fois par semaines; en un an (soit 52 semaines), il aura eu 104 rapports sexuels. Ainsi, 104 x 400.000 font 41.600.000 spermes. A toi seul, tu pourrais peupler la terre entière en 20 ans, parce qu'en un an, tu aurais enfanté plus de 40 millions; en dix ans, 400 millions et en 40 ans, tu aurais au moins peuplé la Chine avec environ 800 millions. Et il ne s'agit ici que d'une seule personne.

Observe le manguier quand il fleurit. Observe le nombre de semences potentielles qu'il porte. As-tu essayé de les compter ? Des dizaines de milliers en une saison. Dieu bénit. Quand Dieu bénit... Quand Dieu bénit, Il bénit vraiment. Dieu a béni ! la bénédiction du Seigneur multiplie.

Genèse 2:3

Dieu bénit le septième jour, et il le sanctifia, parce qu'en ce jour il se reposa de toute son oeuvre qu'il avait créée en la faisant.

Il y a des jours que Dieu bénit. Il y a un jour de sabbat. Il y a une année sabbatique. Il y a une année de pentecôte, qui équivaut à sept années sabbatiques.

Quand on lit les lois relatives au sabbat, Dieu avait dit aux israélites : "reposez-vous le jour du sabbat. Ne cultivez pas l'année du sabbat, afin que vos terres aient un potentiel illimité de fertilité". Pourquoi les terres cultivables diminuent-elles ? C'est parce que la race humaine ne respecte pas le sabbat. Le sabbat est une loi de multiplication. Le sabbat est une loi de multiplication. Observez le sabbat pour que vos terres vous offrent leur fertilité.

C'est la raison pour laquelle notre livre s'intitule _Retraites pour le Progrès Spirituel_ . On se repose, on cherche Dieu et on peut être plus productif, on peut travailler davantage. Ceux qui vont en retraite travaillent plus que ceux qui ne vont jamais en retraite. "Ceux qui s'attendent au Seigneur courent mais ne se lassent pas; ils marchent et ne se fatiguent pas". Le repos, qui est la loi du sabbat, favorise la multiplication.

> _Genèse 9:1-3_
>
> _Dieu bénit Noé et ses fils, et leur dit : soyez féconds, multipliez, et remplissez la terre. Vous serez un sujet de crainte et d'effroi pour tout animal de la terre, pour tout oiseau du ciel, pour tout ce qui se meut sur la terre, et pour tous les poissons de la mer : ils sont livrés entre vos mains. Tout ce qui se meut et qui a vie vous servira de nourriture : je vous donne tout cela comme herbe verte._

Dieu bénit Noé. Qu'est-ce que Dieu lui donna ? La puissance de se multiplier. La puissance de se multiplier par unités, par dizaines, par centaines, par milliers, par davantage et davantage et davantage et davantage. "J'imposerai à toute créature de vous craindre"; c'est là ce que Dieu veut dire par : "assujettissez la terre". Dieu répète la commission qu'il a donnée à Adam, en utilisant des termes différents. Il dit :

- Soyez féconds

- Multipliez-vous
- Remplissez la terre
- *"Vous serez un sujet de crainte et d'effroi pour tout animal de la terre, pour tout oiseau du ciel, pour tout ce qui se meut sur la terre, et pour tous les poisons de la mer : ils sont livrés entre vos mains", ce qui veut dire : "assujettissez la terre".*
- *"Tout ce qui se meut et qui a vie vous servira de nourriture : je vous donne tout cela comme herbe verte. Je vous donne à present toutes choses", ce qui implique la domination.*

L'on parle de domination quand toutes choses sont à ton service. Ce qui implique le fait d'assujettir, d'assujettir ! Quand c'est Dieu lui-même qui interprète la bible, Il en facilite vraiment la compréhension. Il les bénit et leur donna la puissance de continuer de se multiplier, se multiplier, se multiplier.

LA BÉNÉDICTION DONNE LA PUISSANCE

Genèse 9:26-27

Il dit encore : "béni soit l'Eternel, Dieu de Sem, et que Canaan soit leur esclave ! Que Dieu étende les possessions de Japhet, qu'il habite dans les tentes de Sem, et que Canaan soit leur esclave !"

La malédiction et la bénédiction entrent dans le monde à travers Noé. Mais la bénédiction prononcée par Noé sur ses fils leur a donné la puissance de s'étendre et la puissance pour la suprématie. La bénédiction donne la puissance. Tu pourrais avoir trois enfants qui sont encore jeunes, mais que tu sépares à travers la bénédiction :

- "Shem sois béni, aie la suprématie".
- "Japhet sois béni, étend-toi.
- "Cham et ses enfants, soyez des esclaves. Soyez des esclaves de l'Europe et de l'Ariane et soyez des esclaves de l'Asie et des Japhétites. La traite des esclaves d'Afrique de l'Est était en faveur de l'Asie et celle de l'Afrique de l'Ouest était en faveur de l'Amérique et de l'Europe.

Dieu bénit et impartit la puissance de se multiplier. L'Homme bénit et impartit la puissance. La bénédiction de Noé consistait à donner à ses enfants ce que Dieu lui avait donné en le bénissant. On bénit avec ce qu'on a. On bénit avec ce qu'on a en surabondance. On ne peut pas se servir de ce qui ne s'est pas multiplié en nous pour bénir. Ce qui s'est multiplié en nous peut devenir source de bénédiction.

Un jour, j'avais demandé à l'une de mes amies : "pourquoi es-tu si différente de tes frères et soeurs ?". Elle s'est mariée vierge. Tout ce qu'elle entreprends en vue de gagner de l'argent réussit; ce qui n'est pas du tout le cas de ses frères et soeurs. Et son époux n'est pas quelqu'un de particulièrement exceptionnel. Il semble même deux fois plus maudit que ses frères.

Elle m'a dit que quand ils étaient petits, leur grand-mère était tout le temps malade. Chaque fois qu'ils avaient un peu de temps, alors que son frère jumeau et ses soeurs allaient jouer, elle se rendait dans la chambre de sa grand-mère pour la ranger et lui puiser de l'eau. Elle avait environ neuf ans. Au moment où elle achevait de prendre soin de sa grand-mère, le moment réservé aux jeux avait considérablement diminué.

Elle m'a dit que quand elle avait environ douze ans, elle s'était rendu comme d'habitude dans la chambre de sa grand-mère; et après qu'elle lui ait puisé de l'eau et rendu joyeusement les services qu'elle lui rendait depuis des années, elle lui avait dit : "grand-mère j'ai fini; puis-je aller jouer ?". Sa grand-mère, qui était en train de décortiquer des pistaches dans un bol qui était déjà presque plein, a éclaté en sanglots après avoir déversé sur elle le bol de pistaches décortiqués. Elle lui a répondu :"que Dieu te bénisse. Puisse tes bénédictions être plus nombreuses que les semences de ces pistaches". Et elle m'a dit qu'à partir de ce jour-là, sa vie a juste été différente. Aussitôt qu'elle touche quelque chose, cela réussit; même si les autres avant elle ont échoué. Les portes qui ne s'ouvrent pour personne d'autre s'ouvrent à elle. Je ne voudrais pas, en donnant plus de details, dévoiler son identité. Il n'y a rien qui se tienne sur son chemin; elle est différente !

Aussi, elle tombait rarement malade. Pour ce qui est de sa santé de fer, elle m'a confié qu'elle provenait de sa mère. Sa mère lui avait dit : "ma fille, j'ai été malade; je pourrais mourir tôt. Elle l'avait tenue en disant : "vis plus longtemps que moi ! Vis plus longtemps que moi ! Vis plus longtemps que moi ! Et ne sois jamais malade !". Et elle n'était jamais malade.

SI TU VEUX ÊTRE BÉNI, EFFORCE-TOI DE PLAIRE

Ceux qui veulent être bénis doivent s'efforcer de plaire. Un Homme pourrait avoir beaucoup de bénédiction à te donner; il pourrait même te bénir, sans que cela fonctionne; parce que tu n'as rien fait pour lui plaire. Tu pourrais vouloir bénir tes enfants parce que tu les aimes, mais il se pourrait qu'ils ne soient pas tous bénis. Ce sont ceux qui s'efforcent de plaire qui vont expérimenter la bénédiction. C'est pourquoi Isaac avait donné à Esaü une instruction aussi banale que : "va et rapporte-moi du gibier pour que je le mange et que je te bénisse".

J'ai longtemps pensé que c'était parce qu'Isaac aimait la viande − et en effet il aimait la viande. Mais plus tard, j'ai compris. Si Esaü était un bon chasseur, pourquoi son père manquait-il de viande ? Quand on considère ses femmes, on réalise que c'était à cause de son coeur méchant et de ses épouses avares. En principe, si tu es un bon chasseur, n'y aura-t-il pas de la viande pour ton père et ta mère ? Ton père devrait-il en réclamer ? Il n'y a que de personnes comme Esaü qu'il faut réclamer de la viande; parce que même quand elles en ont, leur épouses cananéennes avares ne permettront pas que de la viande soit envoyée dans l'appartement des parents. C'est pourquoi le père a pris Esaü à part et lui a dit : "je t'en prie mon fils, tu sais que j'aime la viande. Rends-moi un peu heureux, afin que je te bénisse avant de mourir". Avec Jacob, il n'avait pas besoin de tricher, parce que ce dernier était tout le temps à la maison. Même sans qu'il le demande, leur père l'aurait béni.

La bénédiction multiplie !

La bénédiction étends !

La bénédiction exalte !

Il y avait une des amis du frère Zach, une femme d'affaires, mariée à un professeur d'Université, qui m'aimait tendrement. Elle se rendait souvent en Corée, dans l'Extrême-Orient pour commercialiser des pierres précieuses. Ainsi en 1993, l'une des fois où je rentrais du Nigéria, elle m'avait fait un don de 1000 dollars. Cela représentait beaucoup d'argent à cette époque-là. A mon retour, je suis allé voir le frère Zach et je lui ai montré l'argent. Je lui ai dit :

- "Elle m'a fait ce don grâce à toi, ce sont tes amis".
- "Utile-le fils", m'a-t-il répondu.

De retour à la maison, j'en ai prélevé 200 dollars que j'ai donné à Adela. J'ai remis le reste dans l'enveloppe et je l'ai rapporté au frère Zach comme don à Dieu. Je ne savais pas que Adela avait fait de même avec ses 200 dollars. Donc quand je lui ai remis mon envelope, je ne savais pas ce que cela représentait pour lui. Il a juste éclaté en sanglots et a dit : "mets-toi à genoux pour que je te bénisse !". il a dit : "ta mère a eu des fils exceptionnel; tu seras le plus grand de tous, le plus riche; et tu prendras soin d'eux tous". A cette époque-là, je vivais dans ma petite maison en "carabot" à Etoug-ébé. Qu'avait-il vu ? Il m'avait béni et béni et béni.

Une autre fois, je m'étais rendu à Nkolbisson pour prier avec mes gens dans la chaine de prière de la soeur Esther. Le frère Zach sortait pour rentrer chez lui. Comme d'habitude, nous nous sommes précipités pour essayer de le saluer avant de retourner prier. Bien que pressé, il s'est arrêté, m'a tenu par la main et a dit : "Ô Dieu du ciel, multiplie le nombre de ceux qui aimeront TH comme il m'a aimé. Donne-lui des milliers d'amoureux comme il m'a aimé.

J'ai souvent dit à quelqu'un : "si tu veux savoir si ton attitude envers une personne est correcte, pose tes mains sur ta tête et dis à Dieu : "Seigneur, fais-moi tout ce que j'ai pensé au sujet de cette personne". Si tu peux le faire, c'est que tu aimes ton prochain comme toi-même. Que ce soit au sujet des frères de l'autre côté ou tout autre frère, le test dont je me suis servi, c'est de mettre mes mains sur ma tête et de demander à Dieu : "fais pour moi tout ce que j'ai souhaité à chacun d'eux".

Je l'ai fait en privé à maintes reprises. Si tu ne peux pas le faire pour une personne quelconque, c'est que tu es son ennemi. Si mon amour pour le frère Zach était hypocrite le jour où il me bénissait, j'aurais eu des milliers de personnes qui prétendent m'aimer comme j'aurais prétendu l'aimer. Rassure-toi que si l'on te bénit, que ce soit une bénédiction et non une malédiction, car Dieu connait le coeur.

La bénédiction multiplie !

La bénédiction multiplie !

Il y a au moins 30 personnes dont je voulais vous parler, qui ont été bénies dans le livre de Genèse. Je voulais par là vous montrer que la puissance de la bénédiction consiste à multiplier ce que tu as et ce que tu es.

La bénédiction du Seigneur multiplie !

Que Dieu te bénisse !

4

LANCEMENT DE L'ÉCOLE DES MISSIONNAIRES NATIONAUX A KAËLE

A Kaëlé, le frère S. nous a donné 5 bâtiments. Alléluia ! C'est là que nous lanceront l'école des missionnaires nationaux et l'annexe d'Edéa. Il nous avait déjà donné un bâtiment à Maroua. Donc il nous a déjà donné six bâtiments. Mais avant cette convention, j'ai eu une vision étrange. Il y avait une feuille de calcul devant moi, sur laquelle était écrit : Sidi et son don à Dieu. J'ai vu le montant d'argent qui y était inscrit, mais je ne le dirai pas à voix haute. Au sujet des maisons, il était écrit : "a donné huit maisons au frère Théodore". Donc je me suis réveillé et j'ai commencé à compter : cinq, six. Aujourd'hui je le taquinais en lui disant que si Dieu me touche, je lui raconterai la vision que j'ai eue. Mais je ne lui dirai pas le montant, de peur que son épouse s'effondre. C'est une femme merveilleuse.

Ce sont des maisons bien bâties, avec un forage, un groupe électrogène et une petite salle qui peut abriter deux cents personnes. Nous avons commencé à planter des arbres dans la concession. Il nous a honorés en nous donnant une grosse vache en guise de Galates 6:6. Mais nous nous sommes dit qu'il ne sera pas le seul à aller au ciel, donc nous avons donné notre vache. Nous l'avons donné à Dieu et nous avons acheté une autre vache. Puis, nous avons dit aux frères à Kani-Danaï que le ciel est pour nous tous, de même que l'école, d'où la necessité pour eux d'apporter leur contribution. Leur dirigeant pense qu'ils sont très pauvres, donc il me regardait, l'air incrédule. Il pensait sûrement : "enfin, le frère Théodore va comprendre que je ne mens pas quand je lui dis que mes gens sont très pauvres". Les premières personnes qui sont venues me donner de l'argent ont apporté le nouveau billet de banque de dix mille francs. J'ai dit aux frères : "n'ayez pas honte d'apporter vos pieces parce que vous avez vu le billet de dix mille. Apportez votre part, pour que l'école soit la vôtre. Soyez des actionnaires dans cette chose qui appartient à Dieu !". Et les frères ont commencé à venir. J'ai vu le plus vieux cinq cents francs de toute ma vie. En fait, on ne pouvait plus lire d'inscription dessus. Mais ils ont apporté leurs pièces; et il était évident qu'ils les avaient sorties de loin. Alléluia ! Nous avons suscité plus d'une somme. Sur le champ, les frères ont suscité en argent et en engagement plus d'une somme; et ils nous ont donné environ quinze porcs, huit sacs de riz et plus de 60 volailles. Voyez-vous l'incrédulité de leurs dirigeants ! Onze canards, huit sacs de maïs et beaucoup d'autres bonnes choses.

Priez que les frères prennent les offrandes des frères au sérieux.

Donc l'école commence avec plus de deux vaches, plusieurs chèvres, plusieurs porcs, plusieurs canards, plusieurs volailles, plusieurs sacs de riz, plusieurs sacs d'arachides, plusieurs sacs de "yebe", et bien d'autres. C'est une bonne école; n'est-ce pas ? Les dirigeants n'ont pas les chiffres exacts des offrandes. Cela démontre qu'ils n'y ont rien apporté. Sinon, qu'ils nous parlent de leurs contributions.

Depuis le frère Sidi qui nous a donné cinq maisons, jusqu'aux frères qui ne pouvaient se permettre que cent francs, ceux qui ont apporté du "modous", du mil rouge, du gombo séché... nous avons eu de la nourriture. Je ne me souviens pas s'ils nous ont aussi donné du "maggi". Nous serions déjà en mesure de cuisiner. Une personne nous donne cinq maisons d'un coup, une autre nous donne cents francs, d'autres nous donnent des vaches et plusieurs autres choses.

Remerciez le Seigneur de ce que les enfants de Dieu aiment Dieu.

Nous voulons nommer le Directeur et l'Administrateur qui serviront dans cette école et prier pour eux, de sorte qu'ils puissent commencer l'école, aussitôt qu'ils partiront d'ici. Vous voyez, je vous disais qu'il y a déjà du gombo disponible pour cuisiner. Ils peuvent donc commencer dès demain. C'est pourquoi je partageais au sujet des canards, des volailles, des vaches, du maïs, de l'argent. Ils peuvent commencer demain. Alléluia !

Nous voulons nommer le frère Georges ESSOMBA. Alléluia ! Je peux témoigner du fait que Georges aime le Seigneur et qu'il aime le frère Jean de Dieu. En outre, il est facile de travailler avec lui, même pour le frère Lontsio; et c'est un jeune homme consacré. Acclamons le Seigneur ! Il sera le Directeur et l'Enseignant principal. Mais c'est une Ecole de la Connaissance et du Service de Dieu (ECSD). Donc il doit garder le contact aussi bien avec le Quartier Général qu'avec Edéa. Ainsi, il est aussi bien l'un des co-ouvriers de la soeur Henriette que celui du frère Jean de Dieu et du frère Lontsio. Même si nous voulons des dénominations, cela ne fonctionnera pas. Nous nous appartenons les uns aux autres. Le frère Olina me demandait s'il y a deux ECSD à Maroua. Que les deux ou dix qui y sont soient connectées au Quartier Général. Ce n'est pas votre école, c'est aussi bien la nôtre que la vôtre.

Nous voulons nommer le frère Daniel DAWE. Le frère DAWE sera l'administrateur en charge des aspects pratiques, et également l'un des enseignants. Il aime le frère Jean de Dieu et il est un co-ouvrier du frère Lontsio. Il connait la langue. Il parle le Toupouri et le Fufuldé. Alléluia !

Cette école n'appartient pas à Kaëlé; c'est notre école. Donc nos frères au Nord et à l'Extrême-Nord peuvent y envoyer des gens pour se faire former comme missionnaires.

Que trois personnes imposent les mains au frère André Georges et trois autres au frère Daniel. Quand nous aurons fini, le frère Jean de Dieu va prier. Etendez vos mains; bénissons les frères.

Le trésorier, c'est le frère Belbara.

Alléluia !

LE MESSAGE SPÉCIAL DU SEIGNEUR À MOI : TU AS ATTEINT AUJOURD'HUI LA PLEINE MATURITÉ.

TA SÉPARATION D'AVEC LE COMMUN ÉTAIT LE GUIDE DE LA JEUNESSE POUR T'AMENER À LA MATURITÉ. MAINTENANT QUE TU ES ENTRÉ DANS MA MATURITÉ, JE RETIRE LE GUIDE DE LA JEUNESSE ET LE REMPLACE PAR LE GUIDE DU PÈLERIN MATURE : LA BIBLE, LA CROIX ET LE SAINT-ESPRIT

Mon fils, tu es à Beijing maintenant ! Mon fils, tu es à Beijing maintenant !! Mon fils, tu es à Beijing maintenant !!!

Félicitations ! Félicitations !! Félicitations !!!

Tu as passé le test le plus déterminant de ta vie. Tout ce que Je t'ai permis de ressentir intérieurement c'est que l'avion allait s'écraser entre l'aéroport Charles de Gaulle à

Paris et l'aéroport de Beijing. J'ai permis à ce sentiment d'envahir ton être intérieur jour après jour. Je t'ai donné des preuves de toutes parts que ce serait la fin. Tu as essayé d'éviter de venir parce que tu pensais que si tu venais, l'accident compromettrait l'œuvre. Tu as pensé que l'œuvre serait confuse avec ton départ soudain. Tu as pensé que ta vie se terminerait sur le chemin de Beijing et tu n'as pas été troublé. Tu ne t'es pas soucié de l'œuvre et tu ne t'es pas soucié de ta vie. Tu ne t'es pas soucié de qui que ce soit et tu ne t'es pas soucié de quoi que ce soit. Tu savais que Je t'avais ordonné de venir à Beijing et que J'avais insisté pour que tu viennes. Tu as choisi de M'obéir au prix de l'œuvre. Tu as choisi de M'obéir au prix de ta vie. Tu as choisi de M'obéir au prix de tes proches. <u>Tu as choisi Ma volonté par-dessus tout. C'était ton test final en tant que jeune spirituel. Aujourd'hui, tu es entré dans l'âge adulte spirituel et Je te reçois comme pleinement mature et pleinement parfait, et Je t'exalte à Ma plénitude en toute chose.</u> Je te prends dans Mon sein comme étant Mien et Je ne te cacherai rien. Je ne suis pas en train de dire que tu n'auras plus besoin de faire du progrès. Tu feras du progrès, mais ce sera un progrès dans la pleine perfection ; ce sera un progrès dans la plénitude. Tu vas maintenant passer d'un degré de pleine perfection à des degrés de plus en plus élevés de pleine perfection, et ainsi de suite, à des hauteurs, des largeurs et des profondeurs toujours plus grandes de Ma gloire, de Ma splendeur et de Ma puissance.

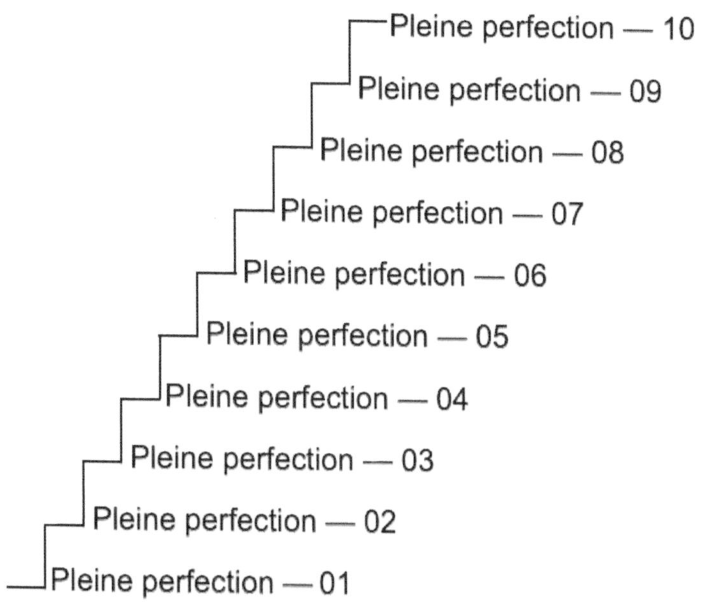

Mon fils, Je te libère de tout péché dans toute sa plénitude et dans toute sa totalité. Je te libère de l'amour du monde dans toute la plénitude achetée à la Croix. Je te libère de tout amour des choses qui sont dans le monde. Je te libère de l'amour du moi et Je te libère de l'amour de la célébrité, et Je te donne la pureté du Ciel envers le sexe opposé. Je te donne maintenant une pleine dose du caractère de Christ et Je déracine en toi toute trace de caractère du diable. Je place ton tout sur l'autel de la consécration de façon complète et permanente. Je te remplis à nouveau du Saint-Esprit dans des proportions que tu n'as jamais connues et Je t'impartis Mon plein pouvoir. Je te donne Mon pouvoir de jeûner pour Ma gloire exclusive. Je te donne Mon pouvoir de prier pour Ma gloire exclusive. Je te donne Mon pouvoir de sacrifier pour Ma gloire exclusive. Je te donne Mon pouvoir de souffrir pour Ma gloire exclusive. Je te donne Mon pouvoir de travailler exceptionnellement dur pour Ma gloire exclusive. Je te donne le pouvoir de M'aimer exceptionnellement pour Ma gloire exclusive. Je te donne le pouvoir de M'obéir exceptionnellement pour Ma gloire exclusive. Je te donne le pouvoir de faire toutes sortes d'actes de foi, des guérisons, des miracles et des exploits excessivement grands pour Ma gloire exclusive. Je place tout Mon fardeau sur ton cœur pour Ma gloire exclusive. Je te donne toute Ma vision pour Ma gloire exclusive. Je te donne l'onction et tout le reste pour prêcher l'Évangile à dix milliards de personnes d'ici 2065 et pour présenter les un milliard de disciples dans Ma splendeur d'ici 2065 pour Ma gloire exclusive. Je te donne les 10 000 couples missionnaires internationaux pour Ma gloire exclusive. Je te donne les 100 000 couples missionnaires nationaux pour Ma gloire exclusive. Je te donne la croisade de prière de 60 jours, 600 heures, 60 000 sujets de prière pour Ma gloire exclusive. Je te donne trois jeûnes de quarante jours par an à effectuer pour Ma gloire exclusive. Je te donne tous les moyens de transport dont tu as besoin pour accomplir d'urgence le but pour Ma gloire exclusive. Je te donne tous les locaux, les structures, les infrastructures, les terres, les terrains et tout ce dont tu as besoin pour accomplir le but pour Ma gloire exclusive. Je te donne des amis, des amoureux, des serviteurs, des co-ouvriers et toutes les autres personnes dont tu auras jamais besoin dans la plus grande abondance pour Ma gloire exclusive. Je transforme les frères déloyaux en co-ouvriers loyaux envers toi et pour toi pour Ma gloire exclusive. Je transforme tous tes ennemis en tes amoureux pour Ma gloire exclusive. Je te donne les anciens et l'église à Yaoundé comme dons de ministère pour toi et l'œuvre pour Ma gloire exclusive. Je te donne tous les anciens, leurs épouses et les futurs anciens et leurs épouses comme tes enfants. Tu les aimeras, tu feras d'eux des disciples et tu les dirigeras comme tu le fais avec tes enfants biologiques et tes enfants adoptifs pour Ma gloire exclusive. Tu les exalteras et les honoreras en public et tu les corrigeras et les réprimanderas en privé. Tu les enseigneras systématiquement et les feras entrer dans Ma plénitude. Je te donne une église à Yaoundé d'une profondeur immense avec un effectif débordant — exactement ce que tu as toujours voulu qu'elle soit, pour Ma gloire exclusive. Je te donne des églises au Cameroun, d'abord dans 1000 localités, puis dans 10 000 localités et enfin dans 100 000 localités pour Ma gloire exclusive. Tu auras Nos gens dans tous les coins des villes, dans toutes les parties des villes et dans chaque village et hameau pour Ma gloire exclusive et eux et leurs dirigeants t'aimeront, t'obéiront, te suivront et t'aideront à posséder les autres nations pour Moi pour Ma gloire exclusive. Je te donne toutes les nations d'Afrique pour Ma gloire exclusive. Je te donne toutes les cités d'Afrique pour Ma gloire exclusive. Je te donne toutes les villes d'Afrique pour Ma gloire exclusive. Fais une liste d'au moins 500 000 localités en Afrique et commence à implanter des églises dans chacune d'entre elles par la prière et le jeûne pour Ma gloire exclusive. Toi et les tiens investirez un jeûne de sept jours et 50 heures de prière dans chacune des 500 000 localités d'Afrique. Cela signifie que tu as besoin de 500 000 × 50 heures de prière et 500 000 × des jeûnes de sept jours pour l'implantation d'églises sur le continent pour Ma gloire exclusive.

Tu dois recruter des personnes qui investiront 50 heures de prière chaque semaine pour l'implantation d'églises sur le continent africain. Une telle personne peut payer le prix de la prière pour 50 églises en un an. La même personne peut effectuer un jeûne de sept jours chaque mois et ainsi, par le jeûne, contribuer à l'implantation de 12 églises. Un grand nombre de personnes qui ne peuvent pas prier peuvent être suscitées pour effectuer le jeûne mensuel de sept jours et ainsi faire avancer l'œuvre pour Ma gloire exclusive. Tu dois t'assurer de nommer un directeur de la prière et un directeur du jeûne qui s'efforceront de veiller à ce que la force de prière et de jeûne soit suscitée systématiquement et mathématiquement, que des enregistrements corrects soient conservés et Me soient présentés année après année. J'agirai de manière à ce que la prière et le jeûne soient systématiquement effectués et Me soient présentés pour Ma gloire exclusive.

Tu dois passer à autre chose à partir d'aujourd'hui et te tourner vers Moi pour obtenir toute la gamme des signes, des prodiges, des miracles et des guérisons qui accompagneront ton ministère. Tu continueras à pousser de l'avant afin qu'un nombre toujours plus grand de ceux qui viennent à toi pour une guérison, une délivrance ou tout type de miracle reçoivent ce dont ils ont besoin. Tu peux maintenant t'attendre à ce que les morts ressuscitent lorsque tu leur ordonneras de revenir à la vie, en particulier les enfants et les jeunes. La résurrection des morts à distance doit attendre. Tu dois avancer et avancer dans la plénitude de la perfection en sachant qu'un jour viendra où aucun malade qui viendra à toi ne repartira avec sa maladie et où les morts seront ressuscités par tes prières pour eux à des centaines et des milliers de kilomètres. Ainsi, des sept niveaux de guérison qui sont possibles, Je te donne aujourd'hui l'autorité de fonctionner pleinement, normalement et régulièrement à tous les cinq premiers niveaux et les deux autres niveaux suivront, et tout cela pour Ma gloire exclusive. Mon fils, M'as-tu entendu ? Je suis en train de te dire qu'à partir d'aujourd'hui, tu dois Me croire, Me demander, recevoir de Moi et manifester pour Ma gloire exclusive tous les signes, les prodiges, les miracles, les guérisons, les délivrances, le brisement des malédictions et tout ce qui est inclus dans les niveaux 1 à 5, comme indiqué ci-dessous. À partir de ce jour, beaucoup de choses vont se produire en peu de temps. Alors que les signes, les prodiges et les miracles s'intensifieront de façon spectaculaire, tout s'intensifiera de façon spectaculaire et certaines des choses les plus inhabituelles qui ont eu lieu au cours des trois cents dernières années commenceront à se produire. Tout ce que tu as à faire c'est de lever les yeux vers Moi, de Me croire, de prier avec la plus grande importunité et de mobiliser des dizaines, des centaines, des milliers, des dizaines de milliers de personnes pour prier comme des femmes dans les douleurs de l'enfantement. Tu vas commencer ces prières ici à Beijing — en priant, en transpirant et en gémissant pour que tout ce que J'ai annoncé comme devant se produire se produise rapidement et se produise où que tu sois.

7 | Tous les miracles rapportés dans le Nouveau et l'Ancien Testament ont eu lieu, en trop grand nombre pour être enregistré. Les morts ressuscitent à travers les continents. Tous ceux qui viennent à certaines réunions malades rentrent étant guéris.

6 | Des morts ressuscités en grand nombre et sur des distances de plusieurs centaines de kilomètres. Des guérisons, des signes et des prodiges qui ébranlent des nations ont lieu dans des proportions trop importantes pour être enregistrées. Ton ombre guérit les malades.

5 | Tout ce qui se passe aux niveaux 1 à 4 continue à se produire. De plus, des personnes dans le coma sont ramenées à la conscience et guéries. De nouveaux organes sont donnés plus fréquemment. Les personnes complètement aveugles et les aveugles-nés sont guéris. Les personnes totalement sourdes et celles qui sont nées sourdes sont guéries. Les personnes totalement muettes et celles qui sont nées muettes sont guéries. Les personnes déformées en partie et celles qui sont totalement déformées sont guéries. Les transformations génétiques ont lieu en abondance et avec facilité. Les personnes absolument stériles sont guéries. Des morts ressuscitent. Des miracles qui secouent les villes se produisent régulièrement.

4 | Des personnes gravement malades reçoivent la guérison en grand nombre. Des démons difficiles et anormaux sont chassés. De nouveaux organes sont donnés occasionnellement. Des transformations génétiques ont lieu occasionnellement avec un impact significatif. Les personnes partiellement aveugles, partiellement sourdes et les cas semblables sont fréquemment guéris. Certains abandonnent leurs béquilles pendant les réunions, car ils commencent progressivement à marcher sans elles. Des cas difficiles de possession démoniaque sont délivrés, souvent de manière spectaculaire. Les personnes stériles sont guéries. Les guérisons et les miracles commencent à convaincre les sceptiques.

3 | Des guérisons spectaculaires ont lieu en de rares occasions et il est évident pour les gens que Dieu est effectivement intervenu, mais cela se produit rarement. Il y a beaucoup de guérisons moins spectaculaires, en grand nombre, de telle sorte que des centaines de personnes peuvent sortir comme étant guéries et elles le sont vraiment, mais les guérisons ne frappent généralement pas les yeux et n'attirent pas beaucoup l'attention. Divers démons sont chassés de façon manifeste et des malédictions sont brisées.

2 | La guérison de maux de tête, de fièvre, de troubles du système digestif, de douleurs corporelles et d'autres problèmes similaires, de longue durée chez les malades et chez un nombre croissant de personnes. Les guérisons peuvent se manifester immédiatement ou prendre du temps à se manifester. Les démons d'une présence plus importante et les malédictions d'une présence plus évidente que le niveau 1 sont traités.

1 | La guérison de maux de tête personnels, de fièvres et d'autres petites maladies pour un petit groupe de personnes. Les guérisons sont réelles et le soulagement immédiat ou progressif mais définitif. La délivrance des plus petits démons et le brisement des plus petites et moindres malédictions.

Mon fils, ta séparation d'avec le commun sous sa forme la plus dure, telle qu'elle est en cours à l'heure actuelle, a pris fin. Parce que tu M'as obéi et que tu es venu à Beijing au lieu de rester à Yaoundé ou au Cameroun pour sauver ta vie, Je reçois cela de toi comme de la perfection et Je considère que tous les vœux que tu M'as faits sont pleinement accomplis. Je considère également que tu as obéi à tout ce que J'ai jamais exigé de toi, comme indiqué dans ce document. Ne retire pas le document aux gens. Il a été accompli. Il a été remplacé. Tu vas fonctionner aujourd'hui à des niveaux qui n'ont jamais été envisagés par le document de ta séparation d'avec le commun. Ton mode de vie en Jésus-Christ passe aujourd'hui à une fourchette qui dépasse tout ce qui a été envisagé lors de ta séparation d'avec le commun. Dans ta séparation d'avec le commun, tu dépendais de ta fidélité envers Moi pour l'avancement de Notre Œuvre. Dans le Nouvel Ordre qui commence maintenant, tu dépendras exclusivement de Moi et de Ma puissance pour l'avancement de Notre Œuvre. Voici le jour de ta grande délivrance et le jour de la grande délivrance de Notre Œuvre. Tout d'abord, ce n'est plus l'œuvre que Je t'ai donné à faire pour Moi, toi et tes gens. C'est maintenant Mon Œuvre dans laquelle Je t'ai incorporé, toi et les tiens. C'est d'abord Mon Œuvre. C'est accessoirement Notre Œuvre. Son succès dépendra principalement de Moi et accessoirement de toi. Parce que le succès de l'œuvre va dépendre principalement de Moi, elle réussira. Parce que le succès va dépendre accessoirement de Toi, Je t'ai fait entrer dans la plénitude de Ma perfection et t'élèverai d'un degré de plénitude de perfection à un autre pour m'assurer que J'ai tout ce que Je dois avoir de toi en vue de garantir le succès de Notre Œuvre. <u>Ainsi, en un sens, une œuvre entièrement nouvelle est née aujourd'hui, dans laquelle rien de l'ancienne ne peut s'intégrer pleinement, et je l'ai donc complètement mise de côté.</u> Tu n'as plus le document de séparation d'avec le commun. Tu as au contraire un document nouveau et de rang supérieur de la séparation d'avec le commun. Tout d'abord, ce nouveau document est Ma Parole — les Écritures. Elles ne seront jamais anéanties entre tes mains en quoi que ce soit. J'ai placé Ma Parole au-dessus de Mon Nom et elle ne sera jamais anéantie en quoi que ce soit. Aucun iota, aucun point n'en sera retiré. Le ciel et la terre passeront, mais Ma Parole subsistera et Ma Parole remplira la Terre. Le Logos de Dieu est le Logos de Dieu. Tu dois t'adresser au Logos de Dieu pour obtenir le Rhéma de Dieu pour toi et pour tes gens, mais le Rhéma ne doit en aucun cas contredire le Logos ; il doit plutôt confirmer le Logos en tout point. Fils, prends par exemple la question des fonds pour les ouvriers. Le Logos dit :

« Ne savez-vous pas que ceux qui remplissent les fonctions sacrées sont nourris par le temple, que ceux qui servent à l'autel ont part à l'autel ? De même aussi, le Seigneur a ordonné à ceux qui annoncent l'Évangile de vivre de l'Évangile. » (1 Corinthiens 9 : 13-14).

Ce Logos ne peut être anéanti. C'est le modèle céleste. Lorsque le Seigneur de toute gloire est venu sur la terre, Il s'y est soumis et a vécu de ce qui Lui était offert par ceux qui bénéficiaient de Son ministère (Matthieu 27 : 55-56 ; Luc 8 : 1-3 et Marc 15 : 40-41). Tous sont appelés à s'y soumettre. Je t'ordonne aujourd'hui de bâtir Notre Œuvre de telle sorte que chaque ouvrier reçoive la provision pour ses besoins de l'œuvre et de Galates 6:6. Je t'ordonne de continuer immédiatement à Me donner 100,00 % de tous tes revenus de toutes provenances, de recevoir ce que tout croyant te donne pour tes besoins personnels à partir de cinq francs et jusqu'à n'importe quelle somme, et de Me donner des dons qui te sont ainsi faits en pourcentages toujours croissants jusqu'au jour où tu Me donneras 100,00 % des revenus de ton travail et 99,00 % des revenus de dons que tu reçois. Tu auras ainsi fourni un modèle pour tous et laissé les gens suivre ce modèle dans la mesure où leur foi le leur permet. Je te parlerai de cette question ultérieurement.

Il n'existe pas de Logos qui permette à quiconque de jeûner au-delà de quarante jours. Mon fils, quarante jours, c'est la limite fixée par le ciel ! Mon fils, quarante jours, c'est la limite fixée par le ciel !! Mon fils, quarante jours, c'est la limite fixée par le ciel !!! Tu dois aujourd'hui oublier complètement le jeûne de 52 jours. Il peut être fait. Tu peux le faire, mais cela produira un merveilleux Zacharias Tanee Fomum devant les hommes et un échec, un échec total devant le Ciel. Ne mets pas les choses à faire et à ne pas faire dans les jeûnes. Ce n'est pas l'esprit des Écritures. Chacun doit jeûner sur l'ordre de Mon Saint-Esprit et dans les conditions fixées par le Saint-Esprit pour cette personne. Daniel a fait mouvoir le Ciel avec un jeûne dans lequel il dit :

« En ce temps-là, moi, Daniel, je fus trois semaines dans le deuil. Je ne mangeai aucun mets délicat, il n'entra ni viande ni vin dans ma bouche, et je ne m'oignis point jusqu'à ce que les trois semaines fussent accomplies. » (Daniel 10 : 2-3).

Ce jeûne comportait cinq aspects : le deuil, l'absence de mets délicats, de viande, de vin et de lotions, qui étaient externes :

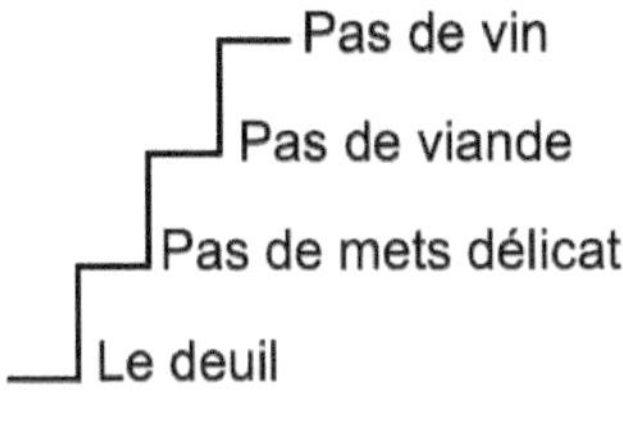

Il y avait un aspect interne. En fait, il y avait des aspects internes. Intérieurement, il vivait dans la présence de Dieu. Il connaissait le fardeau de Dieu et il portait le fardeau de Dieu. Le jeûne — pas de mets délicat, pas de viande, pas de vin, pas de lotion — ce n'étaient pas des choses qu'il affichait à l'extérieur pour s'impressionner ou pour impressionner les hommes. Ils n'ont même pas été placés pour impressionner Dieu. C'était le fruit de la communion et de l'union avec le cœur du Tout-Puissant. Daniel et Dieu ne faisaient qu'un. Daniel partageait le fardeau de Dieu et le cri du cœur de Dieu. Son homme intérieur et son être extérieur ne faisaient qu'un. Daniel était tenu en haute estime par le Tout-Puissant. Son esprit, son âme et son corps plaisaient au cœur de Dieu et servaient Dieu. Son être, ses paroles, ses positions, ses choix et ses actes l'ont élevé dans l'estime de Dieu. Il ne pouvait pas être corrompu par les hommes et son humilité était profonde.

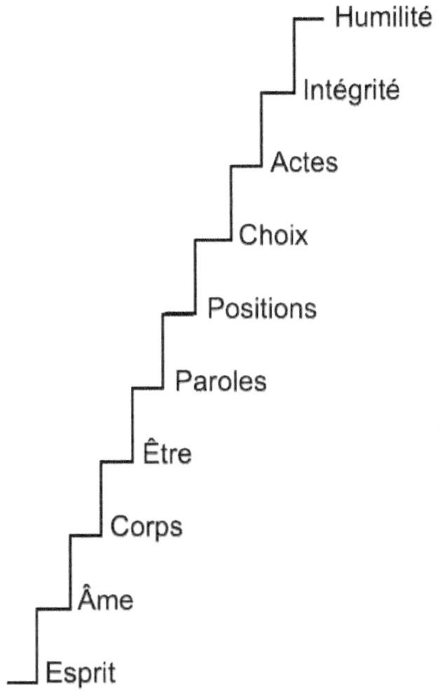

L'intérieur, et c'est tout ce qui est vu par Dieu, était profond, large et élevé. Il était profond et ainsi la force de l'intérieur a coulé en avant et à travers le jeûne qu'il a effectué.

Le jeûne de Daniel a produit des résultats qui ont fait mouvoir le Ciel ou, pour être plus précis, le jeûne de Daniel a fait mouvoir le Ciel. Son jeûne était adressé exclusivement au Dieu du Ciel. Il voulait tout pour Dieu. Il ne voulait rien pour lui-même. Son jeûne M'a poussé à agir. Ma Parole dit : « Le vingt-quatrième jour du premier mois, j'étais au bord du grand fleuve qui est Hiddékel. Je levai les yeux, je regardai, et voici, il y avait un homme vêtu de lin, et ayant sur les reins une ceinture d'or d'Uphaz. Son corps était comme de chrysolithe, son visage brillait comme l'éclair, ses yeux étaient comme des flammes de feu, ses bras et ses pieds ressemblaient à de l'airain poli, et le son de sa voix était comme le bruit d'une multitude. Moi, Daniel, je vis seul la vision, et les hommes qui étaient avec moi ne la virent point, mais ils furent saisis d'une grande frayeur, et ils prirent la fuite pour se cacher. Je restai seul, et je vis cette grande vision ; les forces me manquèrent, mon visage changea de couleur et fut décomposé, et je perdis toute vigueur. J'entendis le son de ses paroles ; et comme j'entendais le son de ses paroles, je tombai frappé d'étourdissement, la face contre terre. Et voici, une main me toucha, et secoua mes genoux et mes mains. Puis il me dit : Daniel, homme bien-aimé, sois attentif aux paroles que je vais te dire, et tiens-toi debout à la place où tu es ; car je suis maintenant envoyé vers toi. Lorsqu'il m'eut ainsi parlé, je me tins debout en tremblant. Il me dit : Daniel, ne crains rien ; car dès le premier jour où tu as eu à cœur de comprendre, et de t'humilier devant ton Dieu, tes paroles ont été entendues, et c'est à cause de tes paroles que je viens. Le chef du royaume de Perse m'a résisté vingt et un jours ; mais voici, Micaël, l'un des principaux chefs, est venu à mon secours, et je suis demeuré là auprès des rois de Perse. Je viens maintenant pour te faire connaître ce qui doit arriver à ton peuple dans la suite des temps ; car la vision concerne encore ces temps-là. » (Daniel 10 : 4-14).

Le jeûne partiel de vingt et un jours de Daniel a puissamment poussé Dieu à agir à cause de qui il était pour Dieu et à cause du fardeau qu'il portait. Il n'y avait absolument rien pour la gloire terrestre de Daniel. Il recherchait la gloire exclusive du Tout-Puissant.

Tu pourrais dire : « Comment un jeûne partiel de trois semaines peut-il produire des résultats d'une telle portée ? »

La vérité est que la puissance libérée lors d'un jeûne dépend principalement de la personne qui jeûne et seulement en deuxième lieu du type et de la durée du jeûne. Tu connais trop bien le tableau ci-dessous, car que Je te l'ai donné.

20^{20} 104 857 600 000 000 000 000 000 000   Plein du Saint-Esprit.

19^{19} 1 978 419 656 000 000 000 000 000   Jeûner pour le Seigneur et Son Royaume.

18^{18} 39 346 408 070 000 000 000 000   Prier le Seigneur sans cesse.

17^{17} 827 240 261 900 000 000 000   Souffrir pour le Seigneur sans cesse.

16^{16} 18 446 744 070 000 000 000   Sacrifier tout pour le Seigneur sans cesse.

15^{15} 437 893 890 400 000 000   Obéissance au Saint-Esprit en toute chose.

14^{14} 11 112 006 830 000 000   Foi au Tout-Puissant en toute chose.

13^{13} 302 875 106 600 000   Consécration de la personne remplie d'Esprit au Seigneur Jésus et à l'Évangile.

12^{12} 8 816 100 448 000   Rempli du Saint-Esprit à débordement sans cesse.

11^{11} 285 311 670 600   Abandon absolu du moi crucifié et de tout au Seigneur Jésus et à l'Évangile.

10^{10} 10 000 000 000   Revêtir les traits de caractère du Seigneur Jésus en totalité.

09^{9} 387 420 489   Séparation de tous les traits de caractère de Satan immédiatement, radicalement et pour toujours.

08^{8} 16 777 216   Séparation de la vie du moi en totalité, immédiatement, radicalement et pour toujours.

07^{7} 823 543   Séparation de l'amour du monde immédiatement, radicalement et pour toujours.

06^{6} 46 656   Séparation de l'amour de toute chose qui est dans le monde immédiatement, radicalement et pour toujours.

05^{5} 3125   Séparation de tout péché immédiatement, radicalement et pour toujours.

04^{4} 256   En finir avec le passé de façon radicale et définitive.

03^{3} 27   Baptisé dans le Saint-Esprit.

02^{2} 4   Justifié par le sang du Seigneur Jésus.

0 0   Perdu.

Mon fils, tu dois établir dans ton cœur de manière irrévocable que ce qui est déterminant c'est ce qu'est une personne, et c'est bien plus important que ce qu'elle fait. Si une personne remplie du Saint-Esprit effectue un jeûne de trois jours, la puissance libérée lors de ce jeûne sera de 3 × 20^{20} unités d'énergie spirituelle. Si une autre personne qui n'est que baptisée du Saint-Esprit jeûne, en effectuant dix jeûnes de quarante jours, la puissance libérée dans ce jeûne sera de $10\times40\times3^3$. Vois-tu la comparaison ? Il est d'une importance capitale que chaque croyant travaille à son salut avec crainte et tremblement. C'est pourquoi les exigences de base de Ma Parole sont que chacun doit être rempli du Saint-Esprit avant de pouvoir accomplir une quelconque tâche dans la Nouvelle Alliance ! S'ils le faisaient, ils fonctionneraient dans chaque activité avec 12^{12}, c'est-à-dire 8 816 100 448 000 unités d'énergie spirituelle dans chaque activité. Fils, comment peux-tu comparer l'impact de deux personnes qui prêchent l'Évangile, l'une avec 3^3 unités d'énergie spirituelle et l'autre avec 12^{12} ? Comment peux-tu comparer 8 816 100 448 000 à 27 ? Tu dois écrire sur ton cœur et sur tout ce que tu fais que ce que tu es est déterminant. Ce message doit aller loin. Écris un petit livre sur ce sujet et donne à ce livre la plus large diffusion possible. Fais-le sans tarder. C'est seulement dans cette lumière que Mes enfants peuvent voir l'impact considérable de chaque acte d'obéissance ou de désobéissance. C'est seulement dans cette lumière que Mes enfants peuvent voir l'impact de l'amour ou du manque d'amour de toute chose qui est dans le monde. C'est seulement dans cette lumière que Mes enfants peuvent comprendre l'impact d'être dans Ma volonté parfaite ou de s'installer dans Ma volonté permissive. C'est seulement dans cette lumière que Mes enfants peuvent comprendre pourquoi la veuve a donné deux petites pièces de monnaie et est partie en tant que gagnante du prix alors que beaucoup d'autres qui avaient mis de grandes sommes n'ont pas été remarqués par le Ciel.

Tu dois voir que cela n'affecte pas seulement les affaires spirituelles sur terre comme l'impact de qui sont les gens dans le ministère de gagner des âmes, de chasser les démons, de guérir les malades, de délivrer des malédictions, et de bâtir les croyants. Tu dois voir clairement que l'impact éternel de chaque acte dépend de la personne qui accomplit cet acte. Les personnes du niveau 3 qui Me servent et les personnes du niveau 12 qui Me servent également sont en train de produire des résultats d'une si grande conséquence éternelle qu'il n'est pas nécessaire d'en dire plus sur la question. Il est inutile de dire que les ministères de deux personnes, l'une fonctionnant au niveau 12 et l'autre fonctionnant au niveau 20 sont plus qu'éloignés l'un de l'autre ! Toute personne qui se contente de fonctionner en deçà de ce qu'elle devrait faire se fait un mal indicible.

Mon fils, Je ne suis pas en train de dire que ceux qui sont spirituels doivent faire des jeûnes partiels et des jeûnes de courte durée à cause de l'énorme poids spirituel de leur personne. Ce serait un malentendu ! Il n'y a aucune comparaison entre un croyant charnel et un croyant spirituel. Dieu ne les compare pas. Dieu ne compare pas le fruit de leurs ministères. Dieu n'a qu'une seule chose dans son cœur et cette chose est que tous Ses enfants abandonnent tout ce qui est charnel et soient revêtus de Sa spiritualité. Ses desseins dans la Nouvelle Alliance sont liés à ceux qui sont spirituels. Les personnes charnelles et tout ce qu'elles font se tiennent sur Mon chemin. Les personnes charnelles ne travaillent pas pour Moi. Elles se tiennent sur Mon chemin dans tout ce qu'elles sont et dans tout ce qu'elles font.

En fait, les longs jeûnes et les très longs jeûnes ne devraient être pratiqués que par des personnes remplies de l'Esprit. Le niveau de conflit impliqué dans les longs jeûnes et les confrontations avec l'Ennemi exigent que ceux qui doivent effectuer de longs jeûnes pour Ma gloire exclusive aient une position devant Moi et une position devant l'Ennemi. Ce n'est qu'alors qu'ils pourront servir le Ciel et réduire l'enfer à néant.

Tu es ordonné pour effectuer de longs jeûnes. Moïse a fait deux jeûnes de quarante jours. Tu fais des jeûnes de quarante jours pour les types de batailles auxquelles Je t'ai appelé. Je ne t'ai pas appelé à des jeûnes partiels. Je t'ai appelé à des jeûnes de quarante jours et tu feras des jeûnes de quarante jours. Je t'ai appelé à des jeûnes de quarante jours au cours desquels toute prédication cède la place à l'attente devant Moi, à M'élever des prières, à rendre ministère et à écraser les stratégies de l'Ennemi et son armée. Tu dois oublier une fois pour toutes l'idée que tu peux jeûner et en même temps te tenir devant les frères ou les perdus pour rendre ministère. Qu'il soit bien entendu que la seule chose que tu peux faire avec les autres pendant tes longs jeûnes est de prier. Cette année, il ne t'est pas possible de t'ajuster à cette norme. C'est ta dernière année de jeûne anormal. Tu peux jeûner cette année sans t'empêcher de rendre ministère aux hommes, mais à partir de l'année prochaine, tu fixeras d'abord les temps de jeûne et ils seront inaltérables. Tu dois absolument faire cinq jeûnes de quarante jours cette année ! Tu dois absolument faire cinq jeûnes de quarante jours cette année !! Tu dois absolument faire cinq jeûnes de quarante jours cette année !!! Tu ferais mieux d'établir le programme maintenant et Je te donnerai une onction inhabituelle pour effectuer ces jeûnes.

Comme Je l'ai dit auparavant, quarante jours c'est la durée maximale de tout long jeûne, mais pendant les quarante jours, une personne peut faire ce que son engagement envers Moi et sa désespérance pour une réponse du Ciel lui font faire. Élie a marché tout au long de son jeûne de quarante jours de Beer-Schéba en Judée à Horeb, la montagne de Dieu. Moïse a effectué un jeûne surnaturel de quarante jours sans boire d'eau ni manger de nourriture. En raison du terrible péché d'Israël, il a entamé un autre jeûne surnaturel en Ma présence afin de lutter dans l'intercession pour Israël. Ce jeûne surnaturel a de nouveau duré quarante jours et quarante nuits. Commence à compter à partir de midi aujourd'hui. Tu es un jeûneur par obligation pour le démantèlement du communisme en Chine. Tu dois mâcher cinq comprimés de calcium deux fois par jour pendant ce jeûne. C'est tout ce que tu pourras prendre. Tu ne te tourneras ni à gauche ni à droite. Si le jeûne est la seule chose que tu dois accomplir en Chine, ce sera suffisant pour le démantèlement du communisme chinois. Mais tu trouveras que tu es capable de faire d'autres choses comme les prières de proclamation, t'attendre à Moi, recevoir des révélations et les diverses rencontres avec Moi.

Ce jeûne commence aujourd'hui à midi et se termine le 5 avril et rien ne doit en être modifié.

Le deuxième jeûne de quarante jours de cette année commencera le 26 avril et se terminera le 4 juin et il est absolument obligatoire.

Le troisième jeûne de cette année commencera le 28 juin et se terminera le 6 août et il est absolument obligatoire.

Le quatrième jeûne de l'année commencera le 30 août et se terminera le 8 octobre dans la puissance du Saint-Esprit.

Le cinquième jeûne de cette année commencera le 1er novembre et se terminera le 10 décembre pour Ma gloire exclusive.

Beijing
24—25/02/04

DIVERS

La Vraie Conversion (MARC 10:17-31)

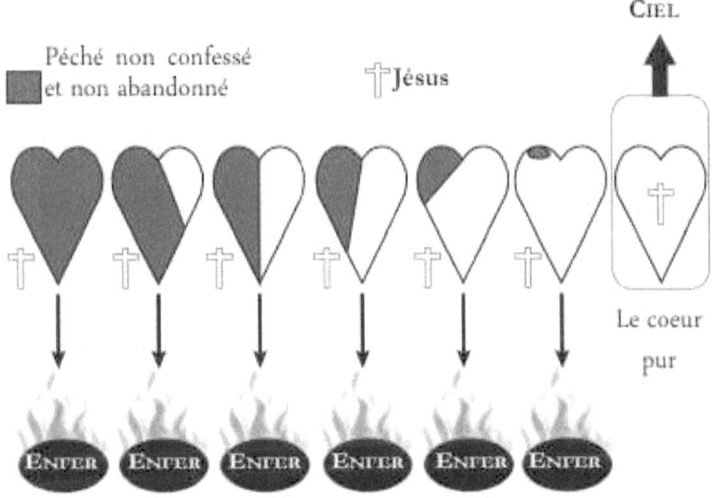

Tous les coeurs entachés représentent les personnes non sauvées. Seul le coeur pur représente la personne sauvée.

Jésus ne peut pas venir pour effacer certains péchés d'une personne et pas d'autres. Il vient pour effacer tous les péchés ou pour n'effacer aucun péché du tout.

Il efface le péché qui est confessé et abandonné pour toujours.

Il vient pour être Sauveur, Seigneur et Roi en toutes choses et en toutes circonstances, ou alors il ne vient pas du tout.

Il ne peut pas venir pour être Sauveur sans être Seigneur et Roi parce qu'Il ne peut pas se diviser. Il est Sauveur, Seigneur et Roi de tout sinon il n'est Sauveur, Seigneur et Roi de rien du tout.

Professeur Zacharias Tanee Fomum

Si tu n'as pas encore reçu Jésus comme ton Seigneur et Sauveur, je t'encourage à le recevoir. Pour t'aider, tu trouveras ci-dessous quelques étapes à suivre.

ADMETS que tu es un pécheur de nature et par habitude, et que par ton effort personnel, tu n'as aucun espoir d'être sauvé. Dis à Dieu que tu as personnellement péché contre Lui en pensées, en paroles en actes. Dans une prière sincère, confesse-Lui tes péchés l'un après l'autre. N'omets aucun péché dont tu te souviennes. Détourne-toi sincèrement de tes péchés et abandonne-les. Si tu volais, ne vole plus ; si tu commettais l'adultère ou la fornication, ne le fais plus. Dieu ne te pardonnera pas si tu n'as pas le désir de renoncer radicalement au péché dans tous les aspects de ta vie ; mais si tu es sincère, il te donnera la force de renoncer au péché.

CROIS *que Jésus-Christ qui est le Fils de Dieu, est l'unique Chemin, l'unique Vérité, et l'unique Vie. Jésus a dit :*

"Je suis le Chemin, la Vérité et la Vie. Nul ne vient au Père que par Moi" (Jean 14 : 6).

La Bible dit:

"Car il y a un seul Dieu, et aussi un seul médiateur entre Dieu et les hommes, Jésus-Christ homme, qui s'est donné Lui-même en rançon pour tous" (1 Timothée 2 :5-6).

"Il n'y a sous le ciel aucun autre nom qui ait été donné parmi les hommes, par lequel nous devions être sauvés" (Actes 4 : 12).

"A tous ceux qui l'ont reçu, à ceux qui croient en son Nom, elle a donné le pouvoir de devenir enfants de Dieu" (Jean 1 : 12).

Mais,

CONSIDERE le prix à payer pour Le suivre. Jésus a dit que tous ceux qui veulent Le suivre doivent renoncer à eux-mêmes. Cette renonciation implique la renonciation aux intérêts égoïstes, qu'ils soient financiers, sociaux ou autres. Il veut aussi que Ses disciples prennent leur croix et Le suivent. Es-tu prêt à abandonner chaque jour tes intérêts personnels pour ceux de Christ ? Es-tu prêt à te laisser conduire dans une nouvelle direction par Lui ? Es-tu disposé à souffrir et même à mourir pour Lui si c'était nécessaire ? Jésus n'aura rien à faire avec des gens qui s'engagent à moitié. Il exige un engagement total. Il ne pardonne qu'à ceux qui sont prêts à Le suivre à n'importe quel prix et c'est eux qu'Il reçoit. Réfléchis-y et considère ce que cela te coûte de Le suivre. Si tu es décidé à Le suivre à tout prix alors il y a quelque chose que tu dois Faire :

INVITE Jésus à entrer dans ton coeur et dans ta vie. Il dit :

"Voici je me tiens à la porte et je frappe; si quelqu'un entend ma voix et ouvre la porte (de son coeur et de sa vie), j'entrerai chez lui, je souperai avec lui, et lui avec Moi" (Apocalypse 3 : 20).

Ne voudrais-tu pas faire une prière comme la suivante ou une prière personnelle selon l'inspiration du Saint-Esprit ?

"Seigneur Jésus, je suis un pécheur misérable et perdu, j'ai péché en pensées, en paroles et en actes. Pardonne-moi tous mes péchés e purifie-moi. Reçois-moi, O Sauveur, et fais de moi un enfant de Dieu. Viens dans mon coeur maintenant même et donne-moi la vie éternelle à l'instant même. Je te suivrai à n'importe quel prix, comptant sur Ton Saint-Esprit pour me donner toute la force dont j'ai besoin."

Si tu as fais cette prière sincèrement, Jésus t'a exaucé, t'a justifié devant Dieu et a fait de toi à l'instant même un enfant de Dieu.

S'il te plaît écris-moi (**ztfbooks@cmfionline.org**) afin que je prie pour toi et que je t'aide dans ta nouvelle marche avec Jésus-Christ.

MERCI

d'avoir lu ce livre

Si vous avez d'autres questions ou besoin d'aide, n'hésitez pas a nous contacter a travers **ztfbooks@cmfionline.org**. Si tu as été béni par le livre, nous serions également ravis si tu laissais un commentaire positif au près de ton distributeur préféré.

ZTF BOOKS, par le biais de la Christian Publishing House (CPH) offre une vaste gamme de meilleurs livres chrétiens en vente (sous formats papier, ebook et audio), portant sur une diversité de sujets, notamment le mariage et la famille, la sexualité, le combat spirituel pratique, le service chrétien, le leadership chrétien et bien d'autres. Vous pouvez consulter le site ztfbooks.com pour obtenir les informations sur nos nouveautés et nos offres spéciales. Merci de lire un des livres de ZTF

Restez connectes a l'auteur grâce aux réseaux sociaux (**cmfionline**) ou le site web (**ztfministry.org**) ou nous vous offrons des cours de formation a distance et sur place (durant toute l'année), du niveau élémentaire a *l'Université Mondiale de Prière et de Jeûne* (UMPJ) et a *l'Ecole de la Connaissance et du Service de Dieu* (ECSD). Nous vous attendons. Vous pouvez vous inscrire selon votre convenance. ou notre cours en ligne serait plus adéquat?

Nous aimerions te recommander un autre livre dans cette série: Grandir avec l'œuvre:

Ce livre, *Grandir avec l'œuvre*, de Théodore Andoseh est un récit vivant de l'un des cours annuels les plus sérieux de l'Université mondiale de la prière et du jeûne pour les leaders, les missionnaires et les implanteurs d'églises, qui s'est tenu à Koume, Bertoua, du 27 Mars au 5 Avril 2023.

Tout ce qui grandit est appelé à changer au fil des ans. L'œuvre de Dieu ne fait pas exception. Au fur et à mesure que l'œuvre grandit, le dirigeant doit grandir. Si le dirigeant grandit, l'œuvre grandira. <u>Telles sont les deux idées clés développées dans ce livre sur le réalignement du leadership spirituel</u> :

- Au fur et à mesure que l'œuvre grandit, le leader doit grandir aussi.
- Si le leader grandit, le travail grandira avec lui.

L'œuvre ne doit pas grandir plus que le leader, et le leader doit rester sur le courant principal de Dieu au fur et à mesure que l'œuvre grandit. Si le dirigeant ne grandit pas, il ne sera bientôt plus en phase avec l'œuvre et pourrait devenir inutile. Il ne dirige plus l'œuvre, c'est l'œuvre qui le dirige.

C'est notre besoin urgent en matière de leadership !

AIDE PRATIQUE POUR LES VAINQUEURS

DIRIGER LE PEUPLE DE DIEU

DIEU, LE SEXE ET TOI

HORS SÉRIE

LA VIE REMPLIE D'ESPRIT

DIEU, L'ARGENT ET TOI

AIDE PRATIQUE DANS LA SANCTIFICATION

FAIRE DU PROGRES SPIRITUEL

ÉVANGÉLISATION

6. *Le Gagnement des Âmes et la Formation des Disciples*
7. *Gagner victorieusement les âmes*

DIEU T'AIME

1. *L'amour et le Pardon de Dieu*
2. *Le Chemin de la Vie*
3. *Reviens à la Maison mon Fils. Je t'Aime*
4. *La célébrité un masque*
5. *Rencontre le Sauveur*
6. *Rencontre le Libérateur*
7. *Jésus est la réponse*

JÉSUS GUÉRIT ENCORE AUJOURD'HUI

1. *Jésus T'Aime et Veut te Gérir*
2. *Viens et vois Jésus n'a pas Changé*
3. *Jésus sauve et guérit aujourd'hui*
4. *Miracles, guerisons et delivrances*

LES FEMMES DE LA GLOIRE

1. *L'adoratrice Récluse: La Prophetesse Anne*
2. *L'intimité Infinie: Marie de Béthanie*
3. *L'Amour Gagnant: Marie de Magdala*

LES ANTHOLOGIES

1. *L'Ecole des Gagneurs d'Ames et du "Gagnement" des Ames*

2. *L'Œuvres Complètes de Z.T. Fomum sur la Sainteté (Volume 1)*
3. *L'Œuvre complète de ZTF sur la Doctrine chrétienne fondamentale*
4. *L'Oeuvre Compléte de ZTF Sur le Mariage (Vol. 1)*
5. *L'Œuvres Complètes de Z.T. Fomum sur le message de l'Evangile (Volume 1)*
6. *L'Oeuvre Compléte de ZTF Sur la Priere (Vol. 1)*
7. *L'Oeuvre Compléte de ZTF Sur la Priere (Vol. 2)*
8. *L'Oeuvre Compléte de ZTF Sur la Priere (Vol. 3)*
9. *L'Oeuvre Compléte de ZTF Sur la Priere (Vol. 4)*
10. *L'Oeuvre Compléte de ZTF Sur la Priere (Vol. 5)*
11. *L'Oeuvre Compléte de ZTF Sur le Leadership (Vol. 1)*
12. *L'Oeuvre Compléte de ZTF Sur le Leadership (Vol. 2)*
13. *L'Oeuvre Compléte de ZTF Sur le Leadership (Vol. 3)*
14. *L'Oeuvre Compléte de ZTF Sur le Leadership (Vol. 4)*

SÉRIE SPÉCIALE

1. *La Joie de Supplier d'Appartenir au Seigneur Jésus*
2. *Un Vase Brisé*
3. *La Separation du Commun*
4. *Ma séparation du commun - Un résumé*

LA SÉRIE BIOGRAPHIQUE

1. *De Ses lèvres*
2. *De ses lèvres: À Propos de Ses Co-Ouvriers*
3. *De ses lèvres: De retour de ses Missions*
4. *De ses lèvres: Sur notre Ministère*
5. *De ses lèvres: Sur Notre vision*
6. *L'oeuvre c'est l'ouvrier*

7. *De ses lèvres: Les batailles qu'il a livrées*

8. *De ses lèvres: l'autorité et la puissance de sa vie*

9. *De ses lèvres: Les influences qui l'ont façonné*

LE RENVERSEMENT DES PRINCIPAUTES

1. *Délivrance de l'Emprise des Démons*

2. *La Prophétie du Renversement du prince satanique du Cameroun*

3. *La Prophétie du Renversement du Prince Satanique de Douala*

4. *La Prophétie du Renversement du Prince Satanique de Yaounde*

5. *Renversement des principautés et puissance*

6. *De ses lèvres: Les batailles qu'il a livrées*

AUTRE TITRES

1. *Le missionnaire en tant que fils*

2. *Ce Qu'est Notre Ministére*

3. *Conserver la Moisson*

4. *Des Disciples de Jésus-Christ Pour Faire des Disciples Pour Jésus-Christ*

5. *L'Église de maison dans les desseins éternels de Dieu*

6. *La maturation chrétienne*

7. *Les Héros du Royaume*

8. *Le Leadership Spirituel Selon le modèle de Gédéon*

9. *L'Ecole D'evangelisation*

10. *Le Ministère D'Evangelisation et L'Eglise Locale*

11. *Le Ministère Pastoral*

12. *La Puissance de la Croissance en Nombre*

13. *Watching in Prayer*

NOS DISTRIBUTEURS

Ces livres peuvent être obtenus auprès des distributeurs suivants :

ÉDITIONS DU LIVRE CHRETIEN (ELC)

- **Email:** editionlivrechretien@gmail.com
- **Tél:** +33 6 98 00 90 47

CPH YAOUNDE

- **Email:** editionsztf@gmail.com
- **Tél:** +237 74756559

ZTF LITERATURE AND MEDIA HOUSE (LAGOS, NIGERIA)

- **Email:** zlmh@ztfministry.org
- **Tél:** +2348152163063

CPH BURUNDI

- **Email:** cph-burundi@ztfministry.org
- **Tél:** +257 79 97 72 75

CPH OUGANDA

- **Email:** cph-uganda@ztfministry.org
- **Tél:** +256 785 619613

CPH AFRIQUE DU SUD

- **Email:** tantohtantoh@yahoo.com
- **Tél**: +27 83 744 5682

INTERNET

- Chez tous les principaux détaillants en ligne:
  Livres électroniques, **audios** et en **impression
  à la demande**.
- **Email**: ztfbooks@cmfionline.org
- **Tél**: +47 454 12 804
- **Site web**: ztfbooks.com